RUDOLF STEINER

Schöpfen aus dem Nichts

RUDOLF STEINER

SCHÖPFEN AUS DEM NICHTS

Wahrheit, Schönheit, Güte

Herausgegeben von Jean-Claude Lin

VERLAG FREIES GEISTESLEBEN

Rudolf Steiner (27.2.1861-30.3.1925) studierte Natur- und Ingenieurwissenschaften an der Technischen Universität Wien. Er promovierte in Philosophie an der Universität Rostock, gab die naturwissenschaftlichen Schriften Goethes heraus und begründete die Anthroposophie und Waldorfpädagogik, die biologisch-dynamische Landwirtschaft, die anthroposophisch erweiterte Medizin und Heilpädagogik. Er entwickelte den organischen Funktionalismus in der Architektur und die Bewegungskunst Eurythmie. Er inspirierte eine erneuerte künstlerische Sprachgestaltung. Seine Hauptwerke sind: *Die Philosophie der Freiheit; Theosophie – Einführung in übersinnliche Welterkenntnis und Menschenbestimmung; Wie erlangt man Erkenntnisse der höheren Welten?* und *Die Geheimwissenschaft im Umriss;* sowie der *Anthroposophische Seelenkalender* und seine vier Mysteriendramen: *Die Pforte der Einweihung, Die Prüfung der Seele, Der Hüter der Schwelle* und *Der Seelen Erwachen.*

ISBN 978-3-7725-1780-8

1. Auflage 2008

Verlag Freies Geistesleben
Landhausstraße 82, 70190 Stuttgart
Internet: www.geistesleben.com

Einband: Thomas Neuerer unter Verwendung einer Bildes von
Yves Klein: *MG 18 Monogold*
Druck: Offizin Chr. Scheufele, Stuttgart

INHALT

VORWORT

des Herausgebers

«Wenn wir uns eine wirkliche Vorstellung machen wollen von dem Begriff des Nichts, so ist das ebenso schwer als wichtig», äußerte Rudolf Steiner in einem Vortrag über das Bilden von Begriffen und die Kategorienlehre Hegels, den er in Berlin am 13. November 1908 hielt. Und er fuhr fort: «Viele Leute, auch Philosophen, werden sagen, es sei überhaupt unmöglich, sich vom Nichts einen Begriff zu machen. Aber es ist das gerade sehr wichtig zu tun für den Anthroposophen. Es wird eine Zeit kommen, wo viel abhängen wird davon, dass der Begriff des Nichts in der gehörigen Weise erfasst werden kann.»

Am 17. Juni 1909 griff Rudolf Steiner das Thema in seinem Vortrag über Evolution, Involution und Schöpfen aus dem Nichts erneut auf und führte einen Begriff des Nichts mit weitreichenden Implikationen ein. Insbesondere macht er darin auf die Verbindung zu den drei großen Ideale *Wahrheit, Schönheit* und *Güte* aufmerksam.

Welche geistig-elementarischen Bedingungen dem menschlichen Erleben von Wahrheit, Schönheit und Güte zugrunde liegen, ist der Inhalt eines der bemerkenswertesten und vielleicht auch rätselhaftesten Vorträge, den Rudolf Steiner am 16. Dezember 1922 am Goetheanum in Dornach hielt.

Wenige Wochen später, nach dem erschütternden Brand des Goetheanum, geht Rudolf Steiner am 19. Januar 1923 erneut auf die drei großen Ideale Wahrheit, Schönheit und Güte ein und zeigt, wie umfassend sie mit dem Menschen und dessen Leben verbunden sind.

Auf dem Weg zum schöpferischen Gestalter seines eigenen Schicksals bilden diese drei, Wahrheit, Schönheit und Güte, den lebendigen Zusammenhang des Menschen mit dem Kosmos und dessen vielfältiger sinnlicher wie übersinnlicher Bevölkerung. Selten gelingt es dem Menschen ohne innere wie äußere Erschütterungen oder gar Erschöpfung, diesen Weg zu gehen. Einige praktische Hinweise Rudolf Steiners, die in Zeiten der Entfremdung vor dem eigenen Leben oder des Burn-out-Syndroms hilfreich sein können, sind im Nachwort am Ende des Bandes angeführt. Sie mögen die Schilderungen der vorangehenden drei Vorträge um eine für heutige Verhältnisse willkommene Anregung ergänzen.

Stuttgart, 21. Juli 2008 *Jean-Claude Lin*

AUF DER SUCHE NACH WAHRHEIT: SCHÖPFEN AUS DEM NICHTS

*Einleitung von Jean-Claude Lin**

Hören wir zu Beginn der nachfolgenden Ausführungen einige vielleicht etwas schwere, zumindest schwerwiegenden Worte. Sie klingen zum Teil bekannt, aber sie sind doch sehr individuell verfasst worden.

«Ich glaube an Gott, an die Trinität, die Inkarnation, die Erlösung, die Eucharistie, die Lehren des Evangeliums.

Ich glaube – das heißt nicht, dass ich alles, was die Kirche zu diesen Punkten sagt, übernehme, um es zu behaupten, wie man Erfahrungstatsachen oder Theoreme der Geometrie behauptet, sondern dass ich durch die Liebe der vollkommenen unfassbaren Wahrheit angehöre, welche in diesen Mysterien enthalten ist, und dass ich versuche, meine Seele für sie zu öffnen, um ihr Licht in mich eindringen zu lassen.

* Nachfolgende Ausführungen sind die überarbeitete Nachschrift eines am 9. Januar 2005 in Schwäbisch Hall gehaltenen Vortrages.

Ich gestehe der Kirche keinerlei Recht zu, die Arbeit des Verstandes oder die Erleuchtungen der Liebe im Bereich des Denkens einzuschränken.

Ich gestehe ihr die Aufgabe zu, als Verwahrerin der Sakramente und Hüterin der heiligen Schriften Beschlüsse über einige wichtige Punkte auszusprechen, jedoch nur als Hinweis für die Gläubigen.

Ich gestehe ihr nicht das Recht zu, die Kommentare, mit denen sie die Mysterien des Glaubens umgibt, als Wahrheit vorzuschreiben; und noch viel weniger das Recht, Drohungen und Angst einzusetzen, indem sie, um jene vorzuschreiben, ihre Macht ausübt, die Sakramente zu verweigern.

Für mich ist eine scheinbare oder wirkliche Nichtübereinstimmung mit der Lehre der Kirche im Reflexionsprozess nur ein Grund, das Denken für eine lange Zeit in der Schwebe zu halten, die Prüfung, die Aufmerksamkeit und den Zweifel so weit wie möglich zu treiben, bevor man irgendetwas zu behaupten wagt. Aber das ist alles.»

So lauten die Anfangssätze des letzten Textes, den Simone Weil auf ihrem Krankenlager im August 1943 geschrieben hat.[1] Simone Weil, die sich damals in England aufhielt, war sehr unglücklich darüber, dass sie nicht aktiv handelnd in das Kriegsgeschehen um ihr Land Frankreich eingreifen konnte. Sie ist im Elsass geboren und aufgewachsen als Kind jüdischer Eltern und hat sich schon früh sehr selbstständig auf den Weg gemacht, das Elend – zum Beispiel unter den Arbeitern – aktiv mitzufühlen, ihre Lage zu verstehen; aber gleichzeitig hat sie auch einen sehr selbstständigen Weg zu den Mysterien des Christentums gesucht. Sie hatte immer wieder engeren Kontakt mit Priestern der katholischen Kirche über ihre Auseinandersetzung mit dem Christentum, mit dem Inhalt des Christentums, über ihre eigenen, sehr eingehenden Erfahrungen und das, was das Wesenhafte des Christentums ausmacht. Aber gleichzeitig fühlte sie, dass sie aufgrund der Lebensart, der Regeln und der Strukturen innerhalb der katholischen Kirche den konkreten Schritt, zum Beispiel zur Teilnahme an der Kommunion, nicht machen könnte, obwohl sie gerade dies in den letzten Jahren ihres Lebens von ganzem Herzen ersehnte. Aber aus den Gründen, die in diesem Text zum Ausdruck kommen, fand sie, dass Bestimmtes in der Handhabung, im Umgang, im Umfeld der Sakramente der katholischen Kirche diesen Schritt nicht erlaubte, da sie nicht in dem Sinne alles bejahen konnte, was in der praktischen Ausübung des Christentums für sie damals erlebbar war. Sie musste diesen ganz selbstständigen Weg zu den Wahrheiten des Christentums gehen und nahm sich das Recht, sie im eigenen Denken nachzuvollziehen und nur das gelten zu lassen, was sie hier aus der eigenen Autorität, aus der Autorität der eigenen Erkenntnissuche und -findung, als *wahr* erkannte. Und eine höhere Autorität als sich selbst als erkennenden Menschen konnte sie in diesem Punkt nicht annehmen.

Ein anderer sehr selbstständig Denkender, Emile

Michel Cioran, hat sich seinerseits immer wieder mit den Darstellungen von Simone Weil beschäftigt. Er ist in Rumänien aufgewachsen. – Simone Weil wurde 1909 im Elsass geboren, Cioran 1911 in Siebenbürgen. – Er hat in seinen Notizbüchern einige seiner Eindrücke, seiner Gedanken über Simone Weil niedergeschrieben, zum Beispiel das Folgende:

«Die Briefe von Simone Weil an Pater Perrin, die während des Krieges geschrieben und in *Attente de Dieu (Das Unglück und die Gottesliebe)* veröffentlicht worden sind – selten habe ich etwas so Ungeheuerliches gelesen im Hinblick auf den absoluten Anspruch sich selbst gegenüber. Die Ehrfurcht vor der Wahrheit erreicht hier das Tragische.»

«Bei Simone Weil gibt es eine Antigone-Seite, die sie vor dem Skeptizismus bewahrt und der Heiligkeit nahegebracht hat.»

«Simone Weil, jene hervorragende Frau mit einem beispiellosen Stolz, die aufrichtig glaubte, sie sei bescheiden. Eine derartige Verkennung seiner selbst ist bei einem so außergewöhnlichen Menschen verwirrend. Was den Willen, den Ehrgeiz, die *Illusion* – ich meine wirklich Illusion – anbetrifft, hätte sie es mit dem ersten besten Rasenden der zeitgenössischen Geschichte aufnehmen können.»

«Ich lese mit Bewunderung und Erbitterung zugleich eine Biografie von Simone Weil. Ihr grenzenloser Stolz beeindruckt mich noch mehr als ihre Intelligenz.»

Und nun zitiert er etwas, was Simone Weil geschrieben hat: «Jedes Mal, wenn ich an die Kreuzigung Christi denke, begehe ich die Sünde des Neides.»[3] Cioran bemerkt dazu:

«Ich bin verblüfft über den Stolz dieser unerträglichen Frau, die der Heiligkeit so nahegekommen ist.»[2]

Es gehört wahrhaftig einiger Mut dazu, einen Neid in Bezug auf den Bekreuzigten zu bekennen. Und Cioran bemerkt bei Simone Weil einerseits die Energie, die Eindringlichkeit, mit der sie auf die Wahrheit zugeht, aber er bemerkt gleichzeitig auch, dass das, was den inneren Kern des Menschen ausmacht – sich unerschrocken hinzustellen und keine äußere Autorität, sondern nur das für sich gelten zu lassen, was ich selbst erkennen kann –, doch eigentlich nur mit so etwas wie «Stolz» in Verbindung gebracht werden kann. Die Unerbittlichkeit im Zugehen auf die Wahrheit – das macht diese ungeheure Kraft aus, dieses Ich bei Simone Weil.

Cioran ist früh aus Rumänien nach Frankreich gekommen, hat sehr intensiv nachgedacht und dies in unzähligen Aphorismen niedergeschrieben, er hat sich auch über vieles und allerlei sehr scharfsinnige Gedanken gemacht – Erscheinungen der Philosophie, der Religion, des Lebens, der Literatur. Manchmal sind seine Aussagen geradezu ätzend, fast brutal in ihrer Direktheit. Er hat in den vierziger Jahren (mit knapp dreißig) einen sehr leidenschaftlichen Text geschrieben, in dem er einige seiner Erlebnisse und Gedanken festhielt. Davon möchte ich hier ein paar Auszüge zu Gehör bringen. Auch er war einer, der sehr energisch auf die Dinge zuging und das, was er daran erlebte, für sich in Gedanken fassen konnte und dann aufzuschreiben versuchte. Auch er ist ein Unerbittlicher. In diesem Text mit dem Titel *Leidenschaftlicher Leitfaden* heißt es dann:

«Zwei Eigenschaften hat der Mensch. Einsamkeit und Hochmut. Er lebt auf der Erde, um sie ans Licht zu zerren. – Aber die Religion zieht herauf: ein System von Heilmitteln, dic das Dasein unterhöhlen. Warum der Einzelne sie wohl ausgebrütet hat? Welches Bedürfnis hat so viel Gift organisiert?

Ich erblicke die Sonne und frage mich: warum *trotzdem* Religion? Ich kehre zur Erde zurück und – indem ich mich mit ihren Schicksalsschlägen zusammenrotte – verstehe nicht, warum ich sie fliehen sollte.

Sooft ich mich zum Himmel davongestohlen habe, lockte mich die sublunarische Bitternis, und ich stieg zu ihr hinab, mit dürstendem Begehren.

Wenn sie von Idealen überschwitzt sein wird, werde ich den Stolz mit meiner Trübsal nicht mehr entfalten können und sie verlassen. Aber solange sie der Raum begnadeter Qualen bleibt, was sollte ich anderwärts suchen?

Die Religion versucht uns von den Übeln – die dem Leben Wert verleihen – zu heilen. Die Einsamkeit und der Hochmut sind *positive* Übel, Abwesenheiten – vermittels deren du *mehr* wirst. [...]

Der Mensch hat keinen kostbareren Irrtum und keinen wesenhafteren Wahn erfunden als das *Ich*. Du atmest – und dünkst dich *einzig;* dir pocht das Herz, denn du bist *du*. Wie konntest du im Pantheismus aufrecht stehen? Oder wie konntest du *sein,* mit einem Gott über dir? – In keiner Form von Religion kannst du gedeihen in der Schöpfung.

Ich wollte mich erlösen. Und alle Glaubenslehren der Sterblichen haben mir Selbstentsagung abverlangt. Von den Veden bis zu Buddha und Christus habe ich nur Widersacher meiner *Notwendigkeit* entdeckt. Sie haben mir das Heil in meiner *Abwesenheit* angeboten; alle haben sie von mir gefordert, dass ich mich meiner entschlage. *Sie* sollte ich sein, oder ihr Gott, *namenlos* sollte ich sein im Nichts – während der Stolz auch im Nichts meinen *Namen* heischte. [...]

Das Ich ist ein Kunstwerk, das sich von dem Leiden ernährt, auf dessen Linderung die Religion zielt. Aber der Adel des Menschen ist ein einziger: Ästhet der eigenen Individuation zu sein. Durch Qual soll er die Schönheit seiner Begrenztheit festigen und durch Feuerbrand ihre Substanz gründen.

Der Mensch ist *Kunst*, denn er ist stolz und einsam.»[4]

Kurz darauf nennt er das Ich einen «Vorsprung ins Nichts».

Auch das sind sehr eindringliche Worte, zunächst einmal mit der Leidenschaft eines etwas jüngeren Menschen vorgebracht. Später hat Cioran sich über diesen leidenschaftlichen Ton etwas geärgert, aber weniger eindringlich oder ätzend oder scharf oder beunruhigend ist er auch im Alter nicht gewesen, sondern er rüttelte immerzu an den Vorstellungen, die der Mensch überliefert bekommen hat aus Religion, Wissenschaft und Literatur. Er rüttelte, bis er dann selbst irgendetwas fand, wo er selbst dahinterstehen konnte mit seiner Erkenntnissuche. Der Mensch ist ein Kunstwerk, das er selbst hervorbringen muss. «Das Ich ist ein Vorsprung ins Nichts.»

Das klingt uns vielleicht zunächst einmal alles sehr fern, wenn wir zum Beispiel von der Anthroposophie her kommen und etliches bei Rudolf Steiner gelesen haben. Aber selbst Rudolf Steiner – und an sich ist das nicht so überraschend – hat manchmal Äußerungen getan, die diese Note haben, diese Intensität und Eindringlichkeit besitzen in Bezug auf das Ich des Menschen. Er hat einmal am Ende eines Vortrages im Jahr 1920, am 30. Oktober, nachdem die Menschen durch die Gräueltaten, die Katastrophe des Ersten Weltkrieges hindurchgegangen waren und alles danach fragte, wie eine Gesellschaft eigentlich noch möglich sei, wie Menschen noch zusammen leben und arbeiten können, gesagt: «Der Mensch muss seine ganze Kraft aus dem Nichts heraus finden.»[5] Der Vortrag endet apokalyptisch, indem Rudolf Steiner kurz sagt: Dasjenige, was wir Menschen in Europa

im Ersten Weltkrieg haben, das ist nur ein Anfang von Katastrophen, die über die Menschen kommen werden, ein Wetterleuchten von dem, was alles kommen wird. Und dennoch – oder gerade im Hinblick auf eine solche Perspektive, dass noch mehr Katastrophen die Menschen erschüttern werden – sagt er mit Eindringlichkeit: «Der Mensch muss seine ganze Kraft aus dem Nichts heraus finden.»

Wenn das Ich des Menschen dieses wirklich Individuelle ist, das kein anderer ersetzen kann, dann müssen wir in diesem Ich das finden, was tatsächlich eine Schöpfung aus dem Nichts ist. Es kann nicht bedingt sein durch Vorhandenes, sondern es muss sich selbst gebären, aus sich heraus. «Der Mensch muss seine ganze Kraft aus dem Nichts heraus finden.»

In seinem Vortrag vom 17. Juni 1909, der im vorliegenden Band enthalten ist, führt Rudolf Steiner einiges sehr Verblüffende über den Begriff des Nichts aus. Einige kurze Passagen daraus seien an dieser Stelle angeführt, weil hier ein noch etwas anderer Aspekt daran aufscheint, der es uns ermöglicht, das Thema konkreter zu fassen und damit näher an uns heranzurücken.

«Nehmen Sie an, Sie hätten einen Menschen vor sich, der zwei anderen gegenübersteht. Nehmen wi alles das, was zur Entwickelung gehört, zusammer Nehmen wir den einen Menschen, der die zwei a deren betrachtet, vor uns und sagen wir: er ist dur frühere Inkarnationen hindurchgegangen, er hat herausentwickelt, was frühere Inkarnationen in

hineingelegt haben. Das ist auch bei den beiden anderen Menschen der Fall, die vor ihm stehen. Nehmen wir nun aber an, dieser Mensch sagt sich jetzt Folgendes: Der eine Mensch neben dem anderen nimmt sich hier doch sehr schön aus. – Es gefällt ihm, dass gerade diese zwei Menschen nebeneinanderstehen. Ein anderer Mensch brauchte gar nicht dieses Wohlgefallen zu haben. Das Wohlgefallen, das der eine an dem Zusammenstehen hat, das hat gar nichts zu tun mit den Entwickelungsmöglichkeiten der beiden anderen, denn das haben sie sich nicht erworben, dass sie nebeneinanderstehend dem Dritten gefallen. Das ist etwas ganz anderes, das hängt allein davon ab, dass *er* gerade den beiden Menschen gegenübersteht. Sie sehen also, der Mensch bildet sich im Innern das Gefühl der Freude über das Zusammenstehen der beiden, die vor ihm stehen. Dieses Gefühl ist durch gar nichts bedingt, was mit der Entwickelung zusammenhängt. Solche Dinge gibt es in der Welt, die nur dadurch entstehen, dass die Tatsachen zusammengeführt werden. Es handelt sich nicht darum, dass die beiden Menschen durch ihr Karma verbunden sind, durch ihr Schicksal; diese Freude, die er daran hat, dass die beiden Nebeneinanderstehenden ihm gefallen, wollen wir in Betracht ziehen.»

Das ist ein Beispiel für etwas, das nicht irgendwie vorbedingt ist, das nicht durch die bestehenden einzelnen Wesen gegeben ist, sondern das als ein ganz Freies, Unvermitteltes entsteht in dem Dritten. «Eine Schöpfung aus dem Nichts», nennt Rudolf Steiner

dieses sehr einfache, sehr naheliegende Beispiel. Wie oft blicken wir auf bestimmte Partnerschaften und finden daran Gefallen: wir sehen diese zwei Menschen gern zusammen. Es ist dann oft schmerzhaft für uns – den Dritten –, wenn so eine Partnerschaft zu Ende geht. Damit ist ein Stück unseres ästhetischen Erlebens der Welt verloren. Und ästhetisches Erleben ist eine freie Hinzufügung der Wirklichkeit gegenüber. In dem Vortrag vom 17. Juni 1909 schildert Rudolf Steiner, dass dies ein Gebiet ist, wo *Schöpfungen aus dem Nichts* entstehen. Auch alles, was der Mensch mit seinem eigenen Denken an Logik entwickelt, an schlüssigen Gedanken, ist etwas, was der Welt hinzukommt im Wesen, in einzelnen Bestandteilen oder den Tatsachen, welche Gedanken der Mensch sich darüber bildet. Die Gedanken sind zunächst in der Welt nicht da; der einzelne denkende Mensch entwickelt sie. Und auch was der Mensch als Wohlgefallen, als Schönheit erlebt in der Welt, ist nach diesen Ausführungen Rudolf Steiners ein Beispiel für eine Schöpfung aus dem Nichts:

«Das Ich schafft zweitens» – also zu dem, was es an Logik, an Gedanken, Folgerungen entwickelt, an Gedankenzusammenhängen ersinnt über die Welt und darüber hinaus – «über sich hinaus, indem es Wohlgefallen und Missfallen entwickelt an dem Schönen, Erhabenen, Humoristischen, Komischen, kurz an dem, was der Mensch selber hervorbringt. Sagen wir, Sie erblicken draußen in der Welt etwas, was Ihnen dumm vorkommt. Sie lachen darüber. Dass Sie darüber lachen, hängt ganz und gar nicht von Ihrem Karma ab. Es könnte ein Dummer dazukommen, dem könnte gerade das, worüber Sie lachen, gescheit vorkommen. Das ist etwas, was sich aus der eigentümlichen Stellung von Ihnen selbst ergibt. Oder sagen wir, Sie sehen einen Helden, gegen den die Welt anstürmt, der sich zunächst erhält, aber doch zuletzt tragisch zugrunde geht. Das, was Sie da sehen, ist durch Karma bestimmt, was Sie aber als Gefühl der Tragik dabei empfinden, das ist neu.»

Also selbst unsere Gefühle sind im Sinne dieser Ausführungen Rudolf Steiners gar nicht unmittelbar verursacht von der Welt, von dem, was wirklich ist, sondern entspringen der einzelnen menschlichen Individualität, sind Schöpfungen aus dem Nichts.

Dazu kommt als Drittes das ganze Gebiet des moralischen Handelns des Menschen. Auch das moralische Urteilen darüber, ob etwas gut ist oder nicht, ist im Sinne dieses Vortrages eine freie Schöpfung aus dem Nichts. Zunächst einmal klingt das sehr überraschend, es ist auch zunächst sehr einfach geschildert. Es ist aber tatsächlich ein Grundzug der Anschauung Rudolf Steiners gewesen, die sich dann später als Anthroposophie entwickelte. Ganz früh hat er in seiner Auseinandersetzung mit dem Erkenntnisvorgang des Menschen festgestellt, dass alle Erkenntnisbemühung, alle Erkenntnis, die der Mensch hervorbringt über die Welt, nicht nur ein Abklatsch der Welt ist, sondern tatsächlich etwas ganz Freies, was der Mensch zu seinem Erleben in der Welt hinzufügt. Es ist nicht, wie eine Kopie, nur ein Spiegelbild dessen, was die Welt darstellt, sondern das Erkennen der Gesetzmäßigkeiten in der Welt ist selbst eine freie Schöpfung des Menschen. Das hat Rudolf Steiner sehr früh erkannt und in seiner Vorrede zu der Veröffentlichung seiner Dissertation mit dem Titel *Wahrheit und Wissenschaft* unmissverständlich zum Ausdruck gebracht mit folgenden Worten:

«Das Resultat dieser Untersuchungen ist, dass die Wahrheit nicht, wie man gewöhnlich annimmt, die ideelle Abspiegelung von irgendeinem Realen ist, sondern ein *freies* Erzeugnis des Menschengeistes, das überhaupt nirgends existierte, wenn wir es nicht selbst hervorbrächten. Die Aufgabe der Erkenntnis ist nicht: etwas schon anderwärts Vorhandenes in begrifflicher Form zu *wiederholen,* sondern die: ein ganz neues Gebiet zu *schaffen,* das mit der sinnenfällig gegebenen Welt zusammen erst die volle Wirklichkeit ergibt. Damit ist die höchste Tätigkeit des Menschen, sein geistiges Schaffen, organisch dem allgemeinen Weltgeschehen eingegliedert.»[6]

Diese Einsicht hat auch etwas stark Befeuerndes. Hier kann der Mensch zum ersten Mal ein wirkliches Bewusstsein seiner Freiheit bekommen, indem er erlebt: Wenn ich mich erkennend der Welt zuwende, die Welt versuche zu verstehen, all das, was ich an Sinneseindrücken erlebe, wenn ich die Zusammenhänge dessen durch mein Erkennen für mich offenbar machen kann, dann ist das eine freie Tat meines Ichs, meines erkennenden Ichs.

Durch das Erkennen der Welt, durch ein Bewusstsein dessen, was stattfindet im Erkennen der Welt, hat der Mensch ein erstes konkretes Erlebnis von dem, was Freiheit ist, von dem, was bedingungslos entsteht. So schreibt Rudolf Steiner denn auch als Konsequenz in dieser Anschauung über die Wahrheit und die Wissenschaft: «Unsere sittlichen Ideale sind unser eigenes freies Erzeugnis. Wir haben nur auszuführen, was wir uns selbst als Norm unseres Handelns vorschreiben. Die Anschauung von der Wahrheit als Freiheitstat begründet somit auch eine Sittenlehre, deren Grundlage die vollkommen *freie Persönlichkeit* ist.» Er hat dann auszuführen versucht, wie man diese freie Persönlichkeit tatsächlich beschreiben und wie sie für den Menschen erlebbar, nachvollziehbar werden kann; das findet sich in einzelnen Schritten in seiner *Philosophie der Freiheit* dargestellt. Aber der Keim dazu liegt in seiner Bewusstmachung dessen, was stattfindet im Erkennen der Welt, als freie Schaffenstätigkeit des Menschen, die unbedingt ist.

Wir haben dieses mehr Prinzipielle nun ein wenig betrachtet, aus dem Ich heraus, aus dem denkenden Zugehen auf die Welt – auch in jener anderen, unnachgiebigen Art, wie es sich bei Simone Weil und Emile Michel Cioran gestaltet. – Sie waren sehr energische Wahrheitssucher, und deshalb ist es auch anregend, sich mit ihnen auseinanderzusetzen, ihre Gedanken kennenzulernen, obwohl sie manchmal zu ganz anderen Ergebnissen kommen oder sich auf andere Wege begeben. An Simone Weil und Cioran erlebt man ein energisches Denken-Wollen über das Leben und die Welt. Nun bleibt die Frage, welche Rolle das für uns im Alltag spielen kann. In diesem Zusammenhang habe ich unlängst etwas gelesen, das mich sehr berührt hat:

«Es gibt Tage, die wie nichts dahingehen und an deren Ende der fahle Geschmack bleibt, zwar viel ‹gewirtschaftet› zu haben, aber nichts Wesentliches erlebt, getan oder gedacht zu haben. Man ist dann wie halb verhungert. Am Abend solcher Tage bitte ich manchmal meinen Mann, mir noch ‹einen Gedanken› zu sagen, gewissermaßen als Wegzehrung für die Nacht, und ich bin froh, wenn er einen hat, möglichst kurz, nachvollziehbar und übersichtlich, sodass ich für Kopf und Herz etwas ‹Handliches› mitzunehmen habe.»[7]

Das schreibt Ruth Ewertowski in der Zeitschrift *Die Drei* – einer Zeitschrift für Anthroposophie und Wissenschaft, Kunst und soziales Leben – im Vorspann zu einer neuen Rubrik für *Steiner-Leser*. Ein Erlebnis wie dieses kann man des Öfteren haben, sofern man überhaupt etwas nachdenkt über das Leben. Man blickt auf den Tag zurück, stellt fest, was man getan hat, was geschehen ist, und bei alldem, was man feststellen kann, hat man das sehr schmerzvolle Erlebnis: Was heißt das alles? Was bedeutet das alles? Was ergibt sich daraus? Man war die ganze Zeit beschäftigt, hat vieles erledigt, und plötzlich merkt man: Das hast du alles einigermaßen mit Bewusstsein ausgeführt, aber eigentlich hattest du keinen wirklich tiefer gehenden Gedanken dabei.

Der ungarische Philosoph Georg Kühlewind, der sich sehr viel mit Fragen der geistigen Schulung und der inneren Entwicklung beschäftigt hat, stellt in seinem Buch mit dem provokativen Titel *Vom Normalen zum Gesunden* ziemlich am Anfang die Frage: «Wann haben Sie das letzte Mal etwas Neues gedacht?»[8] Wer ab und zu in dieser Hinsicht bei sich forscht, wird wohl meistenteils zu dem Ergebnis kommen: Eigentlich hast du schon lange nichts mehr wirklich Neues gedacht! Das rüttelt uns auf und fordert uns heraus. Wir müssten bewusster mit unserem Leben umgehen, um solche erweckenden Momente im Leben zu bekommen. Wenn wir das nicht tun – der Mensch ist aber potenziell in der Lage dazu –, dann sind das soundso viele versäumte Möglichkeiten, etwas Schöpferisches, Eigenes aus dem Nichts zu gebären. Einen Gedanken zu fassen im täglichen Geschehen des Lebens, sich einmal zu besinnen, sich zu fragen: Was hast du jetzt wirklich erlebt? Was bedeutet das, was du jetzt erlebt hast? Wenn man anfängt, so auf das eigene Leben zuzugehen, dann beginnt man, sich auf einen geistigen Weg oder auf einen Weg zum Geistigen zu begeben. Gerade in diesem Sinne geht ja auch Rudolf Steiner, kurz nachdem er diesen Vortrag über das Schöpfen aus dem Nichts im Juni 1909 gehalten hat, ebenfalls im Juni, aber ein Jahr später in Kopenhagen, gerade auf dieses Phänomen des Menschen im Alltag ein.

«Denken wir einmal an das ganz alltägliche Leben. Da hastet einer durch die Welt hin, und vieles kommt ihm in den Weg, über das er nachdenken könnte, was er verarbeiten könnte in seinem Geiste, aber er bemüht sich nicht im Geringsten, das Erlebte in Arbeit umzusetzen oder auch nur tiefer darüber nachzudenken. Nur ‹erleben› will er und von einer Sensation zur anderen jagen.

Eine andere Sorte Menschen gibt es, die durchs Leben gehen, ohne im Mindesten auf die äußere Welt achtzugeben. Sie grübeln und spekulieren über ihre eigenen Gedanken. Was um sie her vorgeht, bemerken sie nicht; immer und immer grübeln sie. Beide Extreme sind dem Menschen nicht zum Heil. Aber es gibt eine Mitte, und das ist die: Alles Erlebte mit eigenen Gedanken zu durchweben. Dieser Mittelzustand ist der heilsamste für den Menschen der Außenwelt» – das heißt für den Menschen, der tätig sein will in der Welt. Zwei verschiedene Charaktere von Menschen stellt Rudolf Steiner also hier vor uns hin: den einen, der immerzu etwas erleben will, sich aber nicht überlegt: Was habe ich da erlebt? – Zum Beispiel: ich war vorgestern in dem Film *Alexander*, dann kommt nächste Woche ein neuer Film; statt aber schon auf das nächste Erlebnis zuzugehen, käme es darauf an, einen Moment innezuhalten und sich zu fragen: Und was sagt mir dieser Film? Was hast du da eigentlich erlebt? Das wäre bei vielem gefordert, was wir erleben. Einen Moment innezuhalten, sich einen Gedanken zu bilden. – Und den anderen Charakter von Mensch beschreibt Rudolf Steiner: den, der immerzu nur in den eigenen Gedanken verfangen ist, aber ohne dass er auf seine Erlebnisse eingeht und ohne dass er sich aufmacht in die Welt, um etwas aus der Welt heraus zu erleben. Meistenteils haben wir beide Extreme in uns: Mal sind wir derjenige, der immerzu erlebt und erleben will, und dann sind wir derjenige, der grübelt. Aber das Entscheidende wäre, dass wir über das, was wir erleben, einmal nachdenken, dass wir beides verbinden.

So sagt Rudolf Steiner ein wenig später an diesem 5. Juni 1910: «Wir müssen lernen, mehr nachzudenken. Logisch und vernünftig müssen wir denken können und dann unsere Seele ganz still machen. Dann werden wir nicht umsonst zu warten haben. Es wird in unsere Seele das entsprechende Geistige einströmen, zu dem wir selbst den Weg gebahnt haben. Wir müssen lernen, die erwartungsvolle Stimmung einzuhalten. Nicht das, worüber wir grübeln, ist das Beste. Wir sollen durch unser Gedankenarbeiten, nicht durch uns selbst alles erlangen wollen. *Nur durch scharfes Denken und darauf folgendes Warten können wir unseren Geist befruchten.* Es muss zu uns einströmen, wenn wir die richtigen Vorgänge beobachten gelernt haben, und diese Vorgänge müssen zusammenwirken mit Denken, Fühlen und Wollen.»[9] Dann wird der Mensch zum Tor für das, was aus dem Himmel fließen kann, sagt Rudolf Steiner am Ende dieser Ausführungen. Das einzige Geistestor bildet der Mensch, wenn er in dieser Weise auf das Leben zugeht, etwas erlebt, dann das Erleben in sich birgt und sich Gedanken darüber bildet. Aber nun – und das ist der dritte wichtige Schritt – kommt es darauf an, das nicht schon für das Wesentliche zu nehmen, sondern es ruhen zu lassen und abzuwarten, was dann einfließt als eine neue Inspiration aus dem Geistigen, aus dem Himmelsbereich heraus. In diesem Punkt geht Rudolf Steiner schon über dasjenige, was wir bisher gehört haben, hinaus, indem er darauf hinweist: Ja, etwas in der Welt erleben, dann darüber nachdenken, aktiv einen eigenen Gedanken bilden und ihn ruhen lassen und dann in der Stimmung der Erwartung zusehen, was als neue Einsicht, als neue Inspiration, als neue Idee für eine Tat entstehen kann. Dann wird der Mensch schöpferisch im Leben. Das ist ein Weg zum Schöpfen aus dem Nichts. Zunächst haben wir uns das als eindringliche, sehr individuelle Erfahrung vergegenwärtigt, und jetzt sehen wir einen Weg gezeichnet mit der Möglichkeit zu einer praktischen Handhabung: wie wir aus dem eigenen Ich heraus mit dem Leben so umgehen können, dass sich daraus Neues, Schöpferisches ergibt für die Welt.

EVOLUTION, INVOLUTION UND SCHÖPFUNG AUS DEM NICHTS

Berlin, 17. Juni 1909

Heute soll einiges gegeben werden zur Ergänzung der mannigfaltigen okkulten Tatsachen und Ausblicke, die wir in diesem Winter hier gepflegt haben. Es ist oft betont worden, in welcher Weise dasjenige, was wir Geisteswissenschaft nennen, eingreifen soll in das Menschenleben und wie es Leben, Handlung, Tat werden kann. Heute aber sollen einzelne ergänzende Blicke geworfen werden auf die großen Entwickelungsvorgänge des Weltenalls, wie sie sich im Menschen ausdrücken. Und zuerst möchte ich Ihren Blick hinlenken auf eine Tatsache, die Ihnen viel Aufklärung geben kann über das Wesen der Weltentwickelung, wenn Sie sie nur im richtigen Sinne sehen wollen.

Betrachten Sie einmal den Unterschied der Tier- von der Menschenentwickelung – zunächst rein äußerlich. Sie brauchen sich nur ein einziges Wort zu sagen und eine einzige Idee vorzuhalten, so werden Sie bald den Unterschied merken zwischen dem Begriff der tierischen und der menschlichen Entwickelung. Sie brauchen sich nur vorzuhalten das Wort «Erziehung». Eine eigentliche Erziehung ist in der tierischen Welt unmöglich. Man kann ja das Tier bis zu einem gewissen Grade durch Dressur zu solchen Verrichtungen bringen, die abweichen von dem, was dem Tier instinktiv eingeprägt ist, was von vornherein als Anlage in ihm sitzt und sich dann auslebt. Aber man muss wirklich schon sehr weit gehen in Bezug auf jenen Enthusiasmus, den man entwickeln kann als ausgesprochener Hundeliebhaber, wenn man hinwegleugnen will den ganz radikalen Unterschied zwischen der menschlichen Erziehung und dem, was wir mit dem Tier vornehmen können. Nun brauchen wir uns nur an eine wichtige Erkenntnis unserer anthroposophischen Weltanschauung zu erinnern, und es wird uns auch die Grundlage dieser zunächst oberflächlichen Tatsache anschaulich werden.

Wir wissen, dass der Mensch sich in sehr komplizierter Weise nach und nach heranentwickelt. Wir haben es wiederholt hervorgehoben, wie der Mensch in den ersten sieben Jahren seines Lebens, bis zum Zahnwechsel, in ganz anderer Art seine Entwickelung zu besorgen hat als später bis zum vierzehnten, dann wieder vom vierzehnten bis zum einundzwanzigsten Jahr. Das alles soll heute nur ganz obenhin berührt werden, denn es ist Ihnen schon bekannt. Wir wissen, dass für den, der geisteswissenschaftlich die Dinge betrachtet, eine mehrmalige Geburt des Menschen eintritt.

miteinander verbunden werden. Sodass erst dadurch ein Urteil möglich wird und es sagen kann: Das, was ich da sehe, ist dasselbe, was auch tönt. – So also werden solche Verbindungsstränge im Gehirn ausgebildet, und diejenigen Kräfte, welche die Verbindungsstränge herausgliedern, sind in den ersten Wochen der kindlichen Entwickelung für den Hellseher zu sehen wie etwas, was das Gehirn noch extra einhüllt. Aber das, was das Gehirn einhüllt, geht hinein in das Gehirn und lebt später im Gehirn drinnen, arbeitet nicht mehr von außen, sondern im Innern des Gehirns. Dieses, was da in den ersten Wochen der kindlichen Entwickelung äußerlich arbeitet, könnte nicht weiterarbeiten an der ganzen Entwickelung des heranwachsenden Menschen, wenn es nicht geschützt wäre durch die verschiedenen Hüllen. Denn wenn das, was ich zuletzt geschildert habe, was da von außen arbeitet und dann hineingeht in das Gehirn, drinnen ist, dann entwickelt es sich unter der schützenden Hülle zuerst des Äther-, dann des astralischen Leibes, und erst mit dem zweiundzwanzigsten Jahre wird das, was da von außen gearbeitet hat, von innen heraus tätig. Was zuerst außer dem Menschen war in den ersten Monaten seines Daseins, was dann hineingeschlüpft ist, das wird hüllenlos tätig erst im zwanzigsten bis zweiundzwanzigsten Jahre, da wird es frei, dann entwickelt es die Intensität, die schon erwähnt wurde.

Nun betrachten wir jetzt einmal diese menschliche Entwickelung, die so nach und nach vor sich geht.

Vergleichen wir sie mit der Entwickelung der Pflanze. Von der Pflanze wissen wir, sie hat hier in der physischen Welt, wo sie zunächst vor uns auftritt, nur ihren physischen und Ätherleib, dagegen hat sie den astralischen Leib um sich herum; aber im Innern nur den physischen und Ätherleib. Die Pflanze schlüpft heraus aus dem Samen, es bildet sich ihr physischer Leib aus und danach entwickelt sich auch ihr Ätherleib nach und nach. Aber die Pflanze hat eben nur noch diesen Ätherleib. Nun haben wir gesehen, dass des Menschen Ätherleib noch immer den astralischen Leib um sich herum hat bis zur Geschlechtsreife und dass dann der astralische Leib des Menschen erst eigentlich geboren wird. Die Pflanze kann aber nach ihrer Geschlechtsreife keinen solchen astralischen Leib gebären, denn sie hat ja keinen. Die notwendige Folge davon ist, dass die Pflanze nichts mehr hat bei der Geschlechtsreife, was nun weiterentwickelt werden soll. Sie hat in der physischen Welt ihre Aufgabe erfüllt, wenn die Geschlechtsreife eintritt. Nachdem sie befruchtet ist, stirbt sie ab. Ja, Sie können beobachten, dass sogar bei gewissen niederen Tieren ein Ähnliches der Fall ist. Sie können beobachten, wie bei niederen Tieren wirklich noch nicht in demselben Maße wie bei höheren Tieren der Astralleib schon ganz hineingezogen ist in den physischen Leib. Niedere Tiere zeichnen sich gerade dadurch aus, dass der astralische Leib noch nicht ganz im physischen Leibe ist. Nehmen Sie die Eintagsfliege; sie entsteht, lebt bis zur Befruchtung, wird befruchtet und stirbt. Warum? Weil das ein Wesen ist, welches ähnlich wie die Pflanze seinen astralischen Leib zum großen Teil außer sich hat und daher nichts mehr entwickeln kann, wenn die Geschlechtsreife eingetreten ist. In einer gewissen Beziehung ähnlich entwickeln sich Mensch, Tier und Pflanze bis zur Geschlechtsreife. Die Pflanze hat nun nichts mehr, was eine Entwickelungsaufgabe hätte in der physischen Welt, sie stirbt nach der Geschlechtsreife. Das Tier hat nun noch den astralischen Leib, aber kein Ich. Das Tier hat also nach der Geschlechtsreife noch einen gewissen Fonds von Entwickelungsmöglichkeit. Der astralische Leib wird frei, und solange der astralische Leib nunmehr frei sich entwickelt, solange die Entwickelungsmöglichkeiten in ihm sind, so lange dauert noch beim höheren Tier nach der Geschlechtsreife die Weiterentwickelung. Nun aber hat der astralische Leib beim Tiere in der physischen Welt kein Ich in sich. Das Ich des Tieres ist ein Gruppen-Ich, es umfasst immer eine ganze Gruppe und befindet sich in der astralischen Welt als Gruppen-Ich. Dieses Gruppen-Ich in der astralischen Welt hat ganz andere Entwickelungsmöglichkeiten als das Tier hier in der physischen Welt. Aber das, was das Tier als Astralleib besitzt, hat eine ganz eng umgrenzte Entwickelungsmöglichkeit. Diese Entwickelungsmöglichkeit hat das Tier als Anlage in sich, schon wenn es die Welt betritt. Der Löwe hat etwas, was in seinem astralischen Leib als eine

Summe von Trieben, Instinkten und Leidenschaften sich auslebt. Und was da lebt in seinem astralischen Leib an Trieben, Begierden und Leidenschaften, das kann sich ausleben. Das lebt so lange, bis ein Ich geboren werden könnte; aber dies ist nicht da, es ist auf dem Astralplan. Wenn daher das Tier gerade auf der Stufe angekommen ist, wo der Mensch das einundzwanzigste Lebensjahr betritt, da ist seine Entwickelungsmöglichkeit ganz erschöpft. Es ist natürlich die Lebensdauer nach den Verhältnissen verschieden; denn die Tiere werden nicht alle einundzwanzig Jahre alt. Aber das, was eigentlich tierische Entwickelung ist, das lebt der Mensch aus bis zu seinem einundzwanzigsten Jahre, wo das Ich geboren wird. Natürlich dürfen Sie jetzt nicht sagen, dass die menschliche Entwickelung bis zum einundzwanzigsten Jahre eine tierische ist, denn das ist sie nicht, sondern das, was da frei wird mit einundzwanzig Jahren, das ist schon drinnen im Menschen von Anfang an, schon seit der Empfängnis, das wird nun aber frei. Weil also im Menschen von allem Anfang an etwas da ist, was dann vom einundzwanzigsten Jahre an frei wird, deshalb ist der Mensch von Anfang an keine tierische Wesenheit, sondern es arbeitet in ihm von Anfang an dieses Ich, wenn auch unfrei. Und dieses Ich ist es, was eigentlich erzogen werden kann. Denn dieses Ich, mit dem, was es erarbeitet am astralischen, ätherischen und physischen Leib, ist es, was von Inkarnation zu Inkarnation schreitet. Würde diesem

Ich in einer neuen Inkarnation nichts Neues dazugegeben werden, so würde der Mensch bei seinem physischen Tode nichts mitnehmen können aus seinem letzten Leben zwischen Geburt und Tod. Und wenn er nichts mitnehmen könnte, würde er in dem folgenden Leben auf genau derselben Stufe stehen wie im vorigen. Dadurch, dass man den Menschen während seines Lebens eine Entwickelung durchlaufen sieht und dadurch, dass er sich erwirbt, in sich aufnimmt das, was das Tier nicht aufnehmen kann, weil die Entwickelungsmöglichkeit des Tieres mit seinen Anlagen abgeschlossen ist, bereichert er fortwährend sein Ich, dadurch steigt er von Inkarnation zu Inkarnation immer höher und höher. Deshalb, weil der Mensch in sich das Ich trägt, das mit dem einundzwanzigsten Jahre erst geboren wird, aber schon vorher arbeitet, deshalb ist bei ihm eine Erziehung anwendbar, deshalb kann aus ihm noch etwas anderes gemacht werden, als was er seiner Anlage nach war von allem Anfang an. Der Löwe bringt seine Löwennatur mit und lebt sie aus. Der Mensch bringt seine Natur nicht nur als allgemeine Menschen-Gattungsnatur mit, sondern er bringt mit auch das noch, was er schon als Ich erworben hat in der letzten Inkarnation. Das kann aber immer weiter und weiter durch Erziehung und durch das Leben umgewandelt werden, sodass es mit einem neuen Einschlag versehen ist, wenn der Mensch durch die Pforte des Todes geht und dann sich vorzubereiten hat für eine neue Inkarnation. Das ist es, was wir festhalten müssen: dass der Mensch neue Entwickelungstatsachen in sich aufnimmt und sich fortwährend bereichert.

Nun fragen wir uns: Was geschieht denn da eigentlich, wenn der Mensch sich äußerlich durch solche Entwickelungstatsachen bereichert? Da müssen wir zunächst einmal zu drei sehr wichtigen Begriffen, die nur etwas schwer zu fassen sind, aufsteigen. Und da wir hier in einem Zweige sind,[1] der jahrelang gearbeitet hat, so wird es wohl die Möglichkeit geben, auch zu etwas höheren Begriffen aufzusteigen, die schwieriger zu begreifen sind. Um uns die drei Begriffe zu verschaffen, betrachten Sie zunächst die ganze ausgewachsene Pflanze, nehmen Sie meinetwegen ein Maiglöckchen. Da haben Sie die Pflanze in einer Form vor sich. Dann können Sie aber dieselbe Pflanze noch in einer anderen Form vor sich haben, als kleines Samenkörnchen. Denken Sie, Sie nehmen das Samenkorn, da haben Sie ein ganz kleines Gebilde vor sich. Wenn Sie das vor sich hinlegen, da können Sie sagen: Ja, in dem Samenkorn steckt alles drinnen, was ich später sehe als Wurzel, Stängel, Blätter und Blüten. Ich habe also einmal die Blume vor mir als Samenkorn und dann auch als ausgewachsene Pflanze. Aber ich könnte das Samenkorn nicht vor mir haben, wenn es nicht durch ein vorhergehendes Maiglöckchen hervorgebracht worden wäre. – Doch für das hellseherische Bewusstsein ist noch etwas anderes der Fall. Wenn das hellseherische Bewusstsein das ausgewachsene Maiglöckchen betrachtet, sieht es das physische Maiglöckchen durchzogen von einem Ätherleib, einer Art Lichtströmungsleib, der es von oben bis unten durchzieht. Aber es ist beim Maiglöckchen so, dass der Ätherleib nicht sehr weit herausragt aus diesem physischen Pflanzenleib und sich nicht stark von demselben unterscheidet. Wenn Sie aber das kleine Samenkörnchen des Maiglöckchens nehmen, so finden Sie das physische Samenkorn klein, aber ein wunderschöner Ätherleib gliedert sich ein in dieses Korn, strahlig ringsherum, und zwar so, dass an dem einen Ende des Ätherleibes das Samenkorn sitzt, so wie sich bei einem Kometen der Kern zum Schweif verhält. Das physische Samenkorn ist eigentlich nur ein verdichteter Punkt in dem Licht- oder Ätherleib des Maiglöckchens. Wenn der, der auf dem Boden der Geisteswissenschaft steht, das ausgewachsene Maiglöckchen vor sich hat, dann ist für ihn das Wesen, das zuerst verborgen war, entwickelt. Wenn er das Samenkörnchen vor sich hat, wo das Physische ganz klein und nur das Geistige groß ist, sagt er: Das eigentliche Wesen des Maiglöckchens ist im physischen Samenkorn eingewickelt. So haben wir, wenn wir das Maiglöckchen anschauen, zwei Zustände zu unterscheiden. Ein Zustand ist, wo das ganze Wesen des Maiglöckchens Involution ist: der Same enthält das Wesen eingewickelt, involviert. Indem es herauswächst, geht es in die Evolution über, dann aber schlüpft das ganze Wesen des Maiglöckchens wieder in das werdende, neue Samenkorn hinein. So wechseln Evolution und Involution in der Aufeinanderfolge der Zustände des Wesens einer Pflanze. Während der Evolution verschwindet das Geistige immer mehr und mehr und das Physische wird mächtig, während der Involution wird das Physische immer mehr schwinden, und das Geistige wird mächtiger und mächtiger.

In einer gewissen Beziehung können wir davon sprechen, dass beim Menschen die Evolution und Involution abwechselt, nur noch krasser. Da haben Sie den Menschen vor sich zwischen Geburt und Tod: ein physischer Leib und ein Ätherleib decken sich als das Physische, das Geistige deckt sich auch in einer gewissen Weise – der Mensch ist als irdisches Menschenwesen evolviert. Wenn Sie aber den Menschen durch die Pforte des Todes gehen sehen – hellseherisch beobachtet –, da lässt er im physischen Leben nicht einmal so viel übrig, wie das Samenkorn eines Maiglöckchens ist, da verschwindet für Sie auch das Physische so vollständig, dass Sie es nicht mehr sehen, und es ist alles in das Geistige hineingewickelt. Der Mensch geht jetzt durch das Devachan,[2] da ist er in seiner Involution in Bezug auf seine irdische Wesenheit. Evolution ist zwischen Geburt und Tod, Involution zwischen dem Tode und einer neuen Geburt in Bezug auf die irdische menschliche Wesenheit. Aber es ist nun ein gewaltiger Unterschied zwischen dem Menschen und der Pflanze. Wir können bei der Pflanze sprechen von Evolution und Involution, aber wir müssen beim Menschen auch noch von einem Dritten sprechen, was dazukommt. Würden wir nicht von einem Dritten sprechen, so würden wir die ganze Entwickelung eines Menschen nicht vollständig umfassen können. Weil die Pflanze immer durch Involution und Evolution geht, deshalb geschieht es, dass jede neue Pflanze eine Wiederholung der alten ist, ganz gleich ist der alten. Es wickelt sich immer das Wesen des Maiglöckchens in das Samenkorn hinein und wieder heraus. Was ist nun aber beim Menschen der Fall?

Wir haben gerade erkannt, dass der Mensch neue Elemente der Entwickelungsmöglichkeit während seines Lebens zwischen Geburt und Tod aufnimmt. Da bereichert er sich. Deshalb ist es beim Menschen nicht so wie bei der Pflanze. Des Menschen folgende Evolution auf der Erde ist nicht eine bloße Wiederholung der vorhergehenden, sondern es ist eine Erhöhung seines Daseins damit verknüpft. Das, was der Mensch aufnimmt zwischen der Geburt und dem Tode, das wickelt er auch ein zu dem, was schon früher da war. Und deshalb kommt nicht eine bloße Wiederholung vor, sondern es erscheint dasjenige, was evolviert, auf einer höheren Stufe. Woher kommt eigentlich das, was der Mensch aufnimmt? Wie ist es zu verstehen, dass er etwas Neues bekommt und aufnimmt? Ich bitte jetzt ganz genau zu folgen, wir kommen zu einem allerwichtigsten und auch allerschwierigsten Begriff. Und nicht umsonst sage ich das in einer der letzten Stunden, denn Sie haben den ganzen Sommer Zeit, um darüber nachzudenken. Man soll über solche Begriffe Monate und Jahre nachdenken, denn dann kommt man nach und nach auf die ganze Tiefe, die darin liegt. Woher kommt das, was sich da dem Menschen immerfort einfügt? Wir wollen uns einmal begreiflich machen durch ein einfaches Beispiel, woher das kommt.

Nehmen Sie an, Sie hätten einen Menschen vor sich, der zwei anderen gegenübersteht. Nehmen wir alles das, was zur Entwickelung gehört, zusammen. Nehmen wir den einen Menschen, der die zwei anderen betrachtet, vor uns und sagen wir: Er ist durch frühere Inkarnationen hindurchgegangen, er hat das herausentwickelt, was frühere Inkarnationen in ihn hineingelegt haben. Das ist auch bei den beiden anderen Menschen der Fall, die vor ihm stehen. Nehmen wir nun aber an, dieser Mensch sagt sich jetzt folgendes: Der eine Mensch neben dem anderen nimmt sich hier doch sehr schön aus. – Es gefällt ihm, dass gerade diese zwei Menschen nebeneinander stehen. Ein anderer Mensch brauchte gar nicht dieses Wohlgefallen zu haben. Das Wohlgefallen, das der eine an dem Zusammenstehen hat, das hat gar nichts zu tun mit den Entwickelungsmöglichkeiten der beiden anderen, denn das haben sie sich nicht erworben, dass sie nebeneinander stehend dem Dritten gefallen. Das ist etwas ganz anderes, das hängt allein davon ab, dass er gerade den beiden Menschen gegenübersteht. Sie sehen also, der Mensch bildet sich im Innern das Gefühl der Freude über das Zusammenstehen der beiden, die vor ihm stehen. Dieses Gefühl ist durch gar nichts bedingt, was mit der Entwickelung zusammenhängt. Solche Dinge gibt es in der Welt, die nur dadurch entstehen, dass die Tatsachen zusammengeführt werden. Es handelt sich nicht darum, dass die beiden Menschen durch ihr Karma verbunden sind. Diese Freude, die er daran hat, dass die beiden Nebeneinanderstehenden ihm gefallen, wollen wir in Betracht ziehen.

Nehmen wir noch einen anderen Fall. Nehmen wir an, der Mensch stehe hier an einem bestimmten Punkte der Erde und richte seine Blicke in den Himmelsraum hinein. Da sieht er eine gewisse Sternenkonstellation. Würde er fünf Schritte weiter stehen, würde er etwas anderes sehen. Dieses Anschauen ruft in ihm das Gefühl der Freude hervor, die ganz etwas Neues ist. So macht der Mensch eine Summe von Tatsachen durch, die ganz neu sind, die gar nicht durch seine frühere Entwickelung bedingt sind. Alles, was das Maiglöckchen bringt, liegt in der früheren Entwickelung bedingt. Das ist aber nicht der Fall mit dem, was aus der Umgebung auf die Menschenseele wirkt. Der Mensch hat eine ganze Menge Angelegenheiten, die nichts zu tun haben mit einer früheren Entwickelung, sondern die dadurch da sind, dass der Mensch durch gewisse Verhältnisse in Berührung kommt mit der Außenwelt. Aber dadurch, dass der Mensch diese Freude hat, ist sie in ihm etwas geworden, ist sie für ihn ein Erlebnis geworden. Es ist etwas entstanden in der Menschenseele, was durch nichts Früheres bestimmt ist, was aus dem Nichts heraus entstanden ist. Solche Schöpfungen aus dem Nichts entstehen fortwährend in der menschlichen Seele. Es sind die Erlebnisse der Seele, die man nicht durch Tatsachen erlebt, sondern durch Relationen, durch Beziehungen zwischen den Tatsachen, die man sich selber herausbildet. Ich bitte, wohl zu unterscheiden zwischen Erlebnissen, die man aus den Tatsachen, und denjenigen, die man aus den Beziehungen zwischen den Tatsachen hat.

Das Leben zerfällt wirklich in zwei Teile, die ohne Grenze ineinanderlaufen: in solche Erlebnisse, die streng durch frühere Ursachen, durch Karma bedingt sind, und in solche, die nicht durch Karma bedingt sind, sondern neu in unseren Gesichtskreis hereintreten. Es gibt zum Beispiel ganze Gebiete im menschlichen Leben, die in dieses Kapitel fallen. Nehmen Sie an, Sie hören, irgendwo habe jemand gestohlen. Nun natürlich ist dasjenige, was da geschehen ist, diese ganze Tat also, durch diese oder jene karmischen Vorgänge bedingt. Nehmen wir aber an, Sie wissen bloß vom Diebstahl, kennen nicht den, der gestohlen hat; deshalb ist es doch in der objektiven Welt eine ganz bestimmte Persönlichkeit, die gestohlen hat. Sie wissen aber nichts von ihr. Aber der Dieb kommt nicht zu Ihnen, um zu sagen: «Sperrt mich ein, ich habe gestohlen», sondern Sie müssen sich aus allerlei Indizien Tatsachen zusammenstellen, die Ihnen den Beweis liefern können, dass dieser oder jener der Dieb ist. Das, was Sie da für Begriffe durchmachen, hat nichts zu tun mit den objektiven Tatsachen. Das hängt von ganz anderen Dingen ab, auch davon, wie gescheit oder nicht gescheit Sie sind. Das, was Sie sich da zurechtlegen, macht auch nicht, dass das der Dieb ist, sondern es ist ein Vorgang, der ganz in Ihnen abläuft, der sich zugesellt zu dem, was äußerlich da ist. Im Grunde ist alle Logik etwas, was äußerlich zu den Dingen hinzukommt. Und alle Geschmacksurteile, alle Urteile, die wir über das Schöne fällen, sind solche Dinge, die hinzukommen. Fortwährend bereichert also der Mensch sein Leben durch das, was nicht durch vorhergehende Ursachen bedingt ist, was er erlebt dadurch, dass er sich in diese oder jene Beziehung zu den Dingen bringt.

Wenn wir nun rasch in unseren Gedanken das ganze Menschenleben durchgehen und vor unser Auge treten lassen, wie es sich entwickelt hat durch den alten Saturn, Sonne und Mond bis zu unserer Erdenentwickelung hin,[3] so finden wir, dass auf dem Saturn noch nicht die Rede davon sein konnte, dass der Mensch sich in solcher Weise Beziehungen gegenüberstellen konnte. Da war bloß Notwendigkeit. So war es auf der Sonne und auch auf dem Monde, und wie es auf dem Monde mit dem Menschen war, so ist es heute noch mit dem Tier. Das Tier erlebt nur das, was durch vorhergehende Ursachen bedingt ist. Ganz neue Erlebnisse, die nicht bedingt sind durch vorhergehende Ursachen, hat nur der Mensch. Deshalb ist nur der Mensch im wahrsten Sinne des Wortes einer Erziehung fähig. Der Mensch allein fügt zu dem, was karmisch bedingt ist, immer Neues hinzu. Erst auf der Erde erlangt der Mensch die Möglichkeit, Neues hinzuzufügen. Auf dem Monde war seine Entwickelung noch nicht so weit, dass er zu dem, was in seiner Anlage war, Neues hätte hinzufügen können. Da stand er, obwohl er kein Tier war, auf der Stufe der tierischen Entwickelung. Er war in dem, was er vornahm, durch äußere Ursachen bedingt. Aber er ist es auch heute, bis zu einem gewissen Grade; denn nur langsam schleichen sich in den Menschen diejenigen Erlebnisse hinein, welche freie Erlebnisse sind. Und sie schleichen sich umso mehr hinein, als der Mensch auf einer hohen Entwickelungsstufe steht. Nehmen Sie die Bilder des Raffael und denken Sie, ein Hund stünde davor. Er sieht das, was objektiv da ist, er sieht das, was sich ergibt aus den Bildern selber, insoferne sie sinnliche Objekte sind. Nehmen Sie aber an, ein Mensch tritt diesen Bildern gegenüber, so sieht dieser etwas ganz anderes darin; er sieht das, was er sich nur bilden kann dadurch, dass er sich in früheren Inkarnationen schon höher entwickelt hat. Und nun nehmen Sie einen genialen Menschen, zum Beispiel einen Goethe; der sieht noch viel mehr, der weiß, was das zu bedeuten hat, warum das eine so und das andere so gezeichnet ist. Je höher der Mensch entwickelt ist, desto mehr sieht er. Also je mehr der Mensch in seiner Seele schon bereichert ist, desto mehr fügt er solche Relationen von Seelenerlebnissen hinzu. Diese werden Eigentum seiner Seele, sie werden das, was in seiner Seele sich ablagert. Das alles ist aber erst seit der

Erdenentwickelung mit der Menschheit möglich geworden. Nun geschieht aber folgendes.

Der Mensch entwickelt sich in seiner Weise durch die folgenden Zeiten. Wir wissen, dass die Erde abgelöst wird von Jupiter, Venus und Vulkan. Während dieser Entwickelung wird beim Menschen die Summe der Erlebnisse, die er also über die früheren Ursachen hinaus erlebt hat, immer größer und größer, sein Inneres wird immer reicher und reicher. Immer weniger Bedeutung wird das haben, was er sich aus alten Ursachen, aus der Saturn-, Sonnen- und Mondenzeit mitgenommen hat. Er entwickelt sich heraus aus früheren Ursachen, er streift das ab. Und wenn der Mensch mit der Erde auf dem Vulkan angelangt sein wird, dann wird er abgestreift haben alles das, was er aufgenommen hat während der Saturn-, Sonnen- und Mondenentwickelung. Das wird er alles abgeworfen haben.

Jetzt kommen wir zu einem schwierigen Begriff; er soll durch einen Vergleich erläutert werden. Denken Sie, Sie sitzen in einem Wagen, denken Sie, Sie haben ihn geschenkt bekommen oder geerbt. Sie fahren in diesem Wagen aus. Ein Rad am Wagen wird schadhaft. Sie ersetzen das alte Rad durch ein neues. Jetzt haben Sie den alten Wagen, aber ein neues Rad. Nehmen wir an, nach einiger Zeit wird wieder ein zweites Rad schadhaft, Sie wechseln es aus und haben jetzt den alten Wagen und schon zwei neue Räder. In ähnlicher Weise ersetzen Sie das dritte, vierte Rad und so weiter, und Sie können sich doch leicht vorstellen, dass Sie eines Tages tatsächlich nichts mehr haben von dem alten Wagen, sondern alles durch Neues ersetzt haben. Sie haben nichts mehr von dem, was Sie geerbt oder geschenkt erhalten haben, Sie sitzen wieder da drinnen, aber im Grunde genommen ist es ein ganz neues Fahrzeug. Und jetzt übertragen Sie das auf die menschliche Entwickelung. Während der Saturnzeit hat der Mensch erhalten die Anlage seines physischen Leibes, er hat sie nach und nach ausgebildet, auf der Sonne den Ätherleib, auf dem Monde den Astralleib, auf der Erde das Ich. Er bildet sie nach und nach aus. Aber er entwickelt immer mehr und mehr in diesem Ich, was neue Erlebnisse sind, und streift ab das, was er geerbt hat, was ihm früher gegeben worden ist durch Saturn, Sonne und Mond. Und es wird eine Zeit eintreten – das ist die Zeit der Venusentwickelung –, wo der Mensch alles abgeworfen haben wird, was ihm gegeben haben die Götter auf der Monden-, Sonnen-, Saturn- und der ersten Hälfte der Erdenentwickelung. Alles das wird er abgeworfen haben, wie in unserem Vergleiche die einzelnen Stücke abgeworfen sind von dem Wagen. Und ersetzt hat er alles nach und nach durch das, was er aufgenommen hat aus den Verhältnissen heraus, was vorher nicht da war. Der Mensch wird also nicht auf der Venus ankommen können und sagen: Jetzt ist alles das noch in mir aus der Saturn-, Sonnen- und Mondenentwickelung – denn das wird er nun schon alles abgestreift haben. Und er wird am

Ende seiner Entwickelung noch das an sich tragen, was er nicht erhalten, sondern sich selber erarbeitet hat, was er aus dem Nichts heraus gebildet hat. Da haben Sie das Dritte, was zu Evolution und Involution hinzukommt, da haben Sie die Schöpfung aus dem Nichts. Evolution, Involution und die Schöpfung aus dem Nichts heraus, das ist es, was wir ins Auge fassen müssen, wenn wir die ganze Größe und Majestät menschlicher Entwickelung ins Auge fassen wollen. Und so können wir verstehen, wie uns die Götter erst als Fahrzeug gegeben haben unsere drei Leiber, wie sie nach und nach aufgebaut haben dieses Fahrzeug und dann uns die Fähigkeit gegeben haben, dieses Fahrzeug nach und nach wieder zu überwinden, wie wir wieder Stück für Stück vom Fahrzeug wegwerfen dürfen, weil die Götter uns Stück für Stück zu ihrem Ebenbilde machen wollen, zu dem, was sich sagen kann: Mir ist die Anlage gegeben zu dem, was ich werden soll, aber aus dieser Anlage heraus habe ich mir eine neue Wesenheit geschaffen.

Das, was der Mensch also in einer fernen Zukunft als ein großes, wunderbares Ideal erblickt, nicht nur das Bewusstsein seiner selbst zu haben, sondern das Bewusstsein von der Schöpfung seiner selbst zu haben, das haben große, höherstehende Geister schon früher entwickelt. Und das, was der Mensch erst in einer fernen Zukunft erleben wird, das entwickeln gewisse Geister, die an unserer Entwickelung vorher beteiligt waren, schon jetzt in dieser Zeit. Da haben wir gesagt, dass während der Saturnentwickelung die Throne[4] ausgegossen haben dasjenige, was wir nennen die Menschheitssubstanz, und dass hineingegossen haben in diese Menschheitssubstanz die Geister der Persönlichkeit das, was wir die Kräfte der Persönlichkeit nennen. Aber die Geister der Persönlichkeit, die damals mächtig genug waren, ihren Persönlichkeitscharakter einzugießen in diese von den Thronen ausgegossene Substanz, diese Geister sind seitdem höher und höher gestiegen. Heute sind sie so weit, dass sie zu ihrer Weiterentwickelung nicht mehr physische Substanz brauchen. Sie haben auf dem Saturn gebraucht, um überhaupt leben zu können, die physische Saturnsubstanz, die zugleich die Anlage war zur menschlichen Substanz, sie haben auf der Sonne gebraucht die ätherische Substanz, die ausgeflossen ist zum Ätherleib des Menschen, auf dem Monde die astralische Substanz, hier auf der Erde brauchen sie unser Ich. Aber nunmehr werden sie weiterhin brauchen das, was dieses Ich selber ausgestaltet, was der Mensch aus den reinen Verhältnissen Neues schafft, das, was nicht mehr physischer, Äther-, astralischer Leib, nicht mehr Ich als solches ist, sondern was vom Ich ausgeht, was das Ich hervorbringt. Das werden die Geister der Persönlichkeit benutzen, und sie benutzen es schon heute, um darin zu leben. Sie haben auf dem Saturn gelebt in dem, was heute unser physischer Leib ist, auf der Sonne in dem, was heute unser Ätherleib ist, auf dem Monde in dem, was heute unser Astralleib ist. Seit der Mitte der atlantischen Zeit haben sie begonnen zu leben in dem, was die Menschen aus ihrem Ich als ein Höheres hervorbringen können.

Was bringen die Menschen aus ihrem Ich Höheres hervor? Dreierlei. Erstens das, was wir nennen das gesetzmäßige Denken, unser logisches Denken. Es ist etwas, was der Mensch zu den Dingen hinzubringt. Wenn der Mensch nicht bloß in die Außenwelt hinausschaut, nicht bloß beobachtet, wenn er nicht bloß dem Dieb nachläuft, um ihn zu finden, sondern so, dass sich ihm die Gesetzmäßigkeit der Beobachtung ergibt, sich Gedanken macht, die nichts mit dem Dieb zu tun haben, aber doch den Dieb einfangen, dann lebt der Mensch in der Logik, der wahren Logik. Diese Logik ist etwas, was durch den Menschen hinzukommt zu den Dingen. Indem der Mensch sich hingibt dieser wahren Logik, schafft das Ich über sich selbst hinaus.

Das Ich schafft zweitens über sich hinaus, indem es Wohlgefallen und Missfallen entwickelt an dem Schönen, Erhabenen, Humoristischen, Komischen, kurz an dem, was der Mensch selber hervorbringt. Sagen wir, Sie erblicken draußen in der Welt etwas, was Ihnen dumm vorkommt. Sie lachen darüber. Dass Sie darüber lachen, hängt ganz und gar nicht von Ihrem Karma ab. Es könnte ein Dummer dazukommen, dem könnte gerade das, worüber Sie lachen, gescheit vorkommen. Das ist etwas, was sich aus der eigentümlichen Stellung von Ihnen selbst ergibt. Oder sagen wir, Sie sehen einen Helden, gegen den die Welt anstürmt, der sich zunächst erhält, aber doch zuletzt tragisch zugrunde geht. Das, was Sie da sehen, ist durch Karma bestimmt, was Sie aber als Gefühl der Tragik dabei empfinden, das ist neu.

Denknotwendigkeit ist das Erste, Wohlgefallen, Missfallen ist das Zweite. Das Dritte ist die Art, wie Sie sich gedrängt fühlen zu handeln unter den Einflüssen von Verhältnissen. Auch das ist nicht bloß karmisch bedingt, wie Sie sich gedrängt fühlen zu handeln, sondern von Ihrem Verhältnis zur Sache. Nehmen wir an, es wären zwei Menschen auf der einen Seite so zueinander gestellt, dass sie durch ihr Karma bestimmt wären, etwas zusammen abzutragen. Aber zugleich sei die Entwickelung des einen weiter vorgeschritten als die des anderen. Der eine, der weiter vorgeschritten ist, wird abtragen, der andere wird sich das für später aufbewahren und wird später abtragen. Der eine wird Herzensgüte entwickeln, der andere wird nicht mitempfinden. Das ist etwas Neues, was zur Entwickelung kommt. Sie dürfen nicht alles als bedingt betrachten, sondern es hängt davon ab, ob wir uns in unseren Handlungen von den Gesetzen der Gerechtigkeit und Billigkeit lenken lassen oder nicht. Es kommen immer neue Dinge dazu in unserer Moralität, in der Art unserer Pflichterfüllung und in unserem moralischen Urteil. In unserem moralischen Urteil insbesondere liegt das Dritte, wodurch der Mensch über sich hinausschreitet, wodurch sich das Ich immer mehr erhöht. Das schafft das Ich in unsere Erdenwelt herein und das geht nicht zugrunde, was so in die Erde hereingeschafft wird. Was die Menschen hereinschaffen von Epoche zu Epoche, von Zeitalter zu Zeitalter an Ergebnissen des logischen Denkens, des ästhetischen Urteilens, der Pflichterfüllung, das bildet einen fortlaufenden Strom, das gibt die Materie und den Stoff ab, in den sich einbetten die Geister der Persönlichkeit in ihrer heutigen Entwickelung.

So leben Sie Ihr Leben, so entwickeln Sie sich selber. Und während Sie sich entwickeln, da schauen auf Sie herunter die Geister der Persönlichkeit und fragen Sie fortwährend: Gibst du mir auch etwas, was ich gebrauchen kann zu meiner eigenen Entwickelung? Und je mehr der Mensch an Gedankeninhalt, Gedankenreichtum entwickelt, je mehr er versucht, sein ästhetisches Urteil zu verfeinern, seine Pflicht zu erfüllen über das, was Karma ergibt, hinaus, desto mehr Nahrung haben die Geister der Persönlichkeit, desto mehr opfern wir ihnen hin, desto leibdichter werden diese Geister der Persönlichkeit. Was stellen sie dar, diese Geister der Persönlichkeit? Etwas, was man in der menschlichen Weltanschauung nennt ein Abstraktum: den Zeitgeist, den Geist der verschiedenen Epochen. Für den, der auf dem Boden der Geisteswissenschaft steht, ist dieser Zeitgeist eine wirkliche Wesenheit. Es schreiten die Zeitgeister, die nichts anderes sind als die Geister der Persönlichkeit, durch die Zeiten. Wenn wir zurückblicken in alte Zeiten, in die indische, persische, chaldäisch-babylonische, griechisch-lateinische bis in unsere Zeit herein, so finden wir, dass sich, abgesehen von den Nationen, abgesehen von allen anderen Verschiedenheiten der Menschen, immer ändert das, was wir den Zeitgeist nennen. Anders dachte und fühlte man vor fünftausend Jahren, anders vor dreitausend Jahren, anders heute. Und das, was da sich wandelt, das sind die Geister der Zeit oder Geister der Persönlichkeit, wenn wir im Sinne der Geisteswissenschaft sprechen. Diese Geister der Persönlichkeit machen eine Entwickelung durch im Übersinnlichen so, wie das Menschengeschlecht eine Entwickelung durchmacht im Sinnlichen. Aber das, was das Menschengeschlecht ins Übersinnliche hinein entwickelt, das ist Speise und Trank für diese Geister der Persönlichkeit, das genießen sie. In einer Zeit, in der die Menschen dahinleben würden ohne Entfaltung eines Gedankenreichtums, ohne Gefallen oder Missfallen, ohne ein Pflichtgefühl, das hinausgeht über den bloßen karmischen Trieb, in einer solchen Zeit hätten die Geister der Persönlichkeit nichts zu essen, sie würden mager werden. So steht unser Leben in Beziehung zu solchen Wesen, die unsichtbar unser Leben durchweben und durchleben.

Ich sagte Ihnen, dass der Mensch Neues hinzufügt zur Entwickelung, gleichsam zur Involution und Evolution hinzu aus dem Nichts heraus schafft, dass er aber nichts herausschaffen könnte aus dem Nichts, wenn er nicht vorher die Ursachen bekommen hätte, in die er sich hineingelegt hat wie in ein Fahrzeug. In der Saturnentwickelung ist ihm dieses Fahrzeug gegeben worden; Stück für Stück wirft er es über Bord und entwickelt sich in die Zukunft hinein. Er muss aber die Grundlage dazu empfangen haben, und wenn ihm nicht von den Göttern zuerst die Grundlage geschaffen worden wäre, hätte er nichts ausführen können, was aus dem Nichts geschaffen werden kann. Dass die Verhältnisse der Umwelt auf uns so wirken können, dass sie wirklich fruchtbar sind für unsere Weiterentwickelung, das hängt an einem solchen Ereignisse, an einer guten Grundlegung. Denn was ist denn dadurch möglich geworden, dass der Mensch Neues aus den Verhältnissen heraus schaffen kann, dass der Mensch die Beziehungen, in die er hineingestellt ist, zu einer Grundlage machen kann für neue Dinge, die er sich selber schafft, dass der Mensch imstande geworden ist, etwas zu denken, was über die Dinge hinausgeht, die er in der Umwelt erlebt, mehr zu fühlen, als was rein objektiv vor ihm steht? Was ist dadurch geworden, dass der Mensch imstande ist, über sein drängendes Karma hinaus zu wirken und zu leben in der Pflicht der Wahrheit, Billigkeit und Herzensgüte?

Dadurch, dass der Mensch imstande geworden ist, logisch zu denken, Denknotwendigkeit auszubilden, ist auch die Möglichkeit des Irrtums geschaffen worden. Dadurch, dass der Mensch Gefallen finden kann am Schönen, ist auch die Möglichkeit geschaffen, dass er das Hässliche, das Schmutzige der Weltentwickelung einfügt. Dadurch, dass der Mensch imstande ist, über das bloße Karma den Begriff einer Pflicht sich zu setzen und zu erfüllen über das Karma hinaus, ist auch die Möglichkeit des Bösen, der Pflichtwidrigkeit geschaffen worden. So ist der Mensch dadurch gerade, dass er die Möglichkeit hat, aus den bloßen Verhältnissen heraus zu schaffen, hineinversetzt worden in eine Welt, in der er auch schaffen und weben kann an seinem Geistigen, sodass dieses Geistige voll wird von Irrtum, Hässlichkeit und Bösem. Und es musste nun nicht nur die Möglichkeit geschaffen werden, dass der Mensch aus diesen Verhältnissen heraus überhaupt schafft, sondern es musste die Möglichkeit gegeben werden, dass der Mensch aus diesen Verhältnissen heraus durch sein Ringen und Streben allmählich das Richtige, das Schöne schafft, allmählich diejenigen Tugenden schafft, die wirklich weiterführen in der Entwickelung.

Das Schaffen aus Verhältnissen heraus nennt man in der christlichen Esoterik das Schaffen im Geiste. Und das Schaffen aus richtigen, schönen und tugendhaften Verhältnissen heraus nennt man in der christlichen Esoterik den Heiligen Geist. Der Heilige Geist beseligt den Menschen, wenn er imstande ist, aus dem Nichts heraus das Richtige oder Wahre, das Schöne und Gute zu schaffen. Damit aber der Mensch imstande geworden ist, im Sinne dieses Heiligen Geistes zu schaffen, musste ihm ja erst die Grundlage gegeben werden, wie zu allem Schaffen aus dem Nichts. Diese Grundlage ist ihm gegeben worden durch das Hereintreten des Christus in unsere Evolution. Indem der Mensch auf der Erde das Christus-Ereignis erleben konnte, wurde er fähig, aufzusteigen zum Schaffen im Heiligen Geist. So ist es Christus selbst, welcher die eminenteste, tiefste Grundlage schafft. Wird der Mensch so, dass er feststeht auf dem Boden des Christus-Erlebnisses, dass das Christus-Erlebnis der Wagen ist, in den er sich begibt, um sich weiterzuentwickeln, so sendet ihm der Christus den Heiligen Geist, und der Mensch wird fähig, im Sinne der Weiterentwickelung das Richtige, Schöne und Gute zu schaffen.

So sehen wir, wie gleichsam als letzter Abschluss dessen, was dem Menschen eingeprägt worden ist durch Saturn, Sonne und Mond, auf der Erde das Christus-Ereignis gekommen ist, welches dem Menschen das Höchste gegeben hat, was ihn fähig macht, in die Perspektive der Zukunft hinein zu leben und immer mehr heraus zu schaffen aus den Verhältnissen, aus dem, was nicht da und nicht dort ist, sondern davon abhängt, wie der Mensch sich stellt zu den Tatsachen seiner Umwelt, was im umfassendsten Sinne der Heilige Geist ist. Das ist wiederum solch ein Aspekt der christlichen Esoterik. Es hängt die christliche Esoterik zusammen mit dem tiefsten Gedanken, den wir haben können von aller Entwickelung, mit dem Gedanken der Schöpfung aus dem Nichts.

Deshalb wird auch jede wahre Entwickelungstheorie niemals den Gedanken der Schöpfung aus dem Nichts fallenlassen können. Nehmen wir an, es wäre nur Evolution und Involution, so wäre eine ewige Wiederholung da, wie es bei der Pflanze ist, so würde auf dem Vulkan nur dasjenige da sein, was auf dem Saturn seinen Anfang genommen hat. So aber kommt zur Evolution und Involution die Schöpfung aus dem Nichts hinzu und in die Mitte unserer Entwickelung hinein. Nachdem Saturn, Sonne und Mond vergangen sind, tritt auf die Erde der Christus als das große Bereicherungselement, welches bewirkt, dass auf dem Vulkan etwas ganz Neues da ist, etwas, was noch nicht da war auf dem Saturn. Derjenige, der nur von Evolution und Involution spricht, der wird von der Entwickelung so sprechen, als wenn sich alles nur wiederholen würde wie ein Kreislauf. Solche Kreisläufe aber können nimmermehr die Weltenentwickelung wirklich erklären. Nur wenn wir zur Evolution und Involution diese Schöpfung aus dem Nichts hinzunehmen, die den Verhältnissen, die da sind, Neues einfügt, dann kommen wir zu einem wirklichen Verständnis der Welt.

Die niederen Wesenheiten zeigen höchstens einen Anflug von dem, was wir nennen könnten die Schöpfung aus dem Nichts. Ein Maiglöckchen wird immer wieder Maiglöckchen; höchstens könnte der Gärtner von außen etwas hinzufügen, wozu das Maiglöckchen niemals aus sich selbst gekommen wäre. Dann gäbe es etwas, was in Bezug auf das Maiglöckchen-Wesen eine Schöpfung aus dem Nichts wäre. Der Mensch aber ist selber imstande, sich einzufügen diese Schöpfung aus dem Nichts. Der Mensch wird aber erst dadurch dazu imstande, dass er sich zu dieser Freiheit des Selbstschaffens durch die freieste Tat, die sein Vorbild werden kann, hinauferhebt. Was ist die freieste Tat? Die freieste Tat ist diese, dass das schöpferische weise Wort unseres Sonnensystems selber in sich beschlossen hat, in einen menschlichen Leib hineinzugehen und an der Erdenentwickelung teilzunehmen durch eine Tat, die in keinem vorhergehenden Karma lag. Als der Christus beschloss, in einen Menschenleib zu gehen, wurde er nicht durch ein vorhergehendes Karma gezwungen, sondern er tat es als eine freie Tat, die lediglich begründet war in der Vorschau zur künftigen Menschheitsentwickelung, die aber vorher noch nie dagewesen war, die zuerst in ihm entstand als ein Gedanke aus dem Nichts heraus, aus der Vorschau. Es ist ein schwerer Gedanke, aber die christliche Esoterik wird das niemals außer Acht lassen, und alles beruht darauf, dass man den Gedanken der Schöpfung aus dem Nichts zu Evolution und Involution hinzuzufügen vermag.

Dann aber, wenn man das vermag, bekommt man auch große Lebensideale, die sich vielleicht nicht über solche Weiten erstrecken, die man als kosmische Weiten bezeichnen kann, sondern die im Grunde ziemlich stark zusammenhängen mit der Frage: Warum vereinigen wir uns zum Beispiel zu einer Anthroposophischen Gesellschaft? Da müssen wir, um das so recht zu verstehen, welches der Sinn einer Anthroposophischen Gesellschaft ist, noch einmal zurückgreifen auf den Gedanken, dass wir für die Geister der Persönlichkeit, für den Zeitgeist arbeiten. Der Mensch, wenn er hereingeboren wird durch die Geburt in diese Welt, wird zunächst durch die mannigfaltigsten Verhältnisse erzogen; diese wirken auf ihn ein und bilden so die erste Vorstufe seiner selbstschöpferischen Tätigkeit. Wenn die Menschen sich nur einmal klar würden darüber, wie das wirklich die Vorstufe ist, wie der Mensch durch seine Geburt an diesen oder jenen Ort hingestellt wird, und dass es tatsächlich wie eine große Suggestion ist, wie die Verhältnisse auf ihn wirken. Versuchen wir uns vorzustellen, wie es ganz anders um einen Menschen bestellt wäre, wenn er statt in Konstantinopel in Rom oder in Frankfurt geboren wäre. Dadurch wäre er in verschiedene Verhältnisse hineingestellt, auch in gewisse religiöse Verhältnisse, unter deren Einwirkung sich bei ihm entwickelt ein gewisser Fanatismus für den Katholizismus oder Protestantismus. Nun aber nehmen wir an, wenn sich ein kleines Rädchen im karmischen Zusammenhange gedreht hätte und er in Konstantinopel geboren worden wäre, ob er dann nicht auch ein ganz leidlicher Türke geworden wäre? Da haben Sie das Beispiel, wie suggestiv die Verhältnisse der Umgebung auf den Menschen wirken. Es kann aber der Mensch heraustreten aus dem bloß Suggestiven der Verhältnisse und sich vereinigen mit anderen Menschen nach von ihm selbst erwählten und eingesehenen Grundsätzen. Da sagt er sich: Jetzt weiß ich es, warum ich mit anderen Menschen zusammenwirke. Dadurch entstehen, aus dem menschlichen Bewusstsein heraus, solche Gesellschaftsverbände, in denen Material geschaffen wird für die Geister der Zeit, der Persönlichkeit. Nun ist denn ein solcher Verband die Anthroposophische Gesellschaft, wo auf Grundlage der Brüderlichkeit dieser Zusammenhang geschaffen wird. Das heißt nichts anderes, als es schafft ein jeder so an dem Verbande, dass er sich im Kleinen aneignet alle die guten Eigenschaften, durch die er ein Abbild wird der ganzen Gesellschaft. Also das, was er entwickelt an Gedanken, Gefühlsreichtum, an Tugenden durch die Gesellschaft, dass er das wie eine Nahrung hinreicht den Geistern der Persönlichkeit. So ist in einer solchen Gesellschaft vereinigt das, was menschliches Zusammenleben schafft, zu gleicher Zeit mit dem Prinzip der Individualität. Jeder Einzelne wird durch eine solche Gesellschaft fähig gemacht, das, was er hervorbringt, als Opfer darzubringen den Geistern der Persönlichkeit. Und jeder bereitet sich vor zu jenem Standpunkt, den die Fortgeschrittensten einnehmen, die sich durch Geistesschulung so weit gebracht haben, dass ihnen als Ideal folgendes vorschwebt: Wenn ich denke, denke ich nicht, um mich zu befriedigen, sondern ich denke, damit sich daraus Nahrung schöpfen die Geister der Persönlichkeit. Ich lege dar auf dem Opferaltar der Geister der Persönlichkeit meine besten, meine schönsten Gedanken, und was ich fühle, fühle ich nicht aus einem Egoismus heraus, sondern ich fühle, weil es

Nahrung sein soll für die Geister der Persönlichkeit. Und was ich an Tugenden ausüben kann, ich übe es nicht aus, um als das oder jenes zu gelten, sondern um Opfer darzubringen, Nahrung zu schaffen für die Geister der Persönlichkeit. Damit aber haben wir als das Ideal vor uns hingestellt diejenigen, die wir da nennen die Meister der Weisheit und des Zusammenklangs der Empfindungen. Denn so denken sie und bereiten vor jene Entwickelung des Menschen, die den Menschen immer mehr und mehr dazu bringen wird, Neues und immer Neues zu schaffen und zuletzt eine Welt der Wirkungen zu entwickeln, aus der die alten Ursachen verschwunden sind; aus der ein neues Licht strahlt in die Zukunft hinüber. Die Welt ist nicht unterworfen einer fortwährenden Wandlung, in der sie ganz andere Formen annimmt, sondern das Alte, das vervollkommnet sich, und dieses verbesserte Alte wird der Wagen des Neuen. Dann wird dieser aber abgeworfen, er verschwindet in dem Nichts, damit aus diesem Nichts ein Neues hervorgeht. Das ist der große, gewaltige Gedanke des Fortschritts, dass Neues und immer Neues entstehen kann.

Aber die Welten sind geschlossen in sich, und Sie haben gerade an dem Beispiel, das ich vorgeführt habe, gesehen, dass deshalb doch von einem wirklichen Zugrundegehen nicht geredet werden kann. Es ist gezeigt worden, wie die Geister der Persönlichkeit auf der einen Seite ihre Wirkung auf den Menschen verlieren, auf der anderen Seite ihre Entwickelung aber wieder aufnehmen, sodass wir es zu tun haben mit einer Welt, die sich immer verjüngt, aber von welcher wir sagen können: Das, was abgestreift wird, das würde verhindern weiterzuschreiten und das wird einem anderen gegeben, damit er seinerseits wieder weiterschreiten kann. Niemand soll glauben, etwas in das Nichts versinken lassen zu müssen, weil er die Möglichkeit eingegeben bekommen hat, aus dem Nichts heraus aufzubauen. Das aber, was auf dem Vulkan als ein Neues sich erweisen wird, wird immer neue Formen bilden und das Alte abwerfen, und was abgeworfen wird, wird sich seinen eigenen Weg suchen.

Evolution, Involution und Schöpfung aus dem Nichts, das sind die drei Begriffe, durch die wir uns die wahre Entfaltung, die wahre Evolution der Welterscheinungen zurechtlegen sollen. Nur dadurch kommen wir so recht zu Begriffen, die dem Menschen die Welt erklären und ihm Gefühle der Innerlichkeit geben. Denn wenn der Mensch sich sagen müsste, er könnte nichts anderes als das schaffen, was als Ursache in ihm angelegt ist, nur das könnte er als Wirkungen ausleben, so könnte das nicht seine Kräfte stählen und seine Hoffnungen entzünden in demselben Maße, als wenn er sich sagen kann: Ich kann Lebenswerte schaffen und zu dem, was mir als Grundlage gegeben ist, immer Neues hinzufügen; das Alte wird mich durchaus nicht hindern, neue Blüten und Früchte zu schaffen, welche in die Zukunft hinüberleben. – Das ist aber ein Stück von dem, was- wir so charakterisieren können, dass wir sagen: Die anthroposophische Weltanschauung schafft dem Menschen Lebenskräfte, Lebenshoffnung, Lebenszuversicht, denn sie zeigt ihm, dass er mitarbeiten kann in der Zukunft an Dingen, die heute nicht nur im Schoße der Ursächlichkeit, sondern im Nichts liegen, sie stellt ihm in Aussicht, dass er, im wahren Sinne des Wortes, vom Geschöpf zum Schöpfer hinarbeitet.

WIRKLICHES UND UNWIRKLICHES IM MENSCHLICHEN LEBEN

Dornach, 16. Dezember 1922

Die Fähigkeiten, die der Mensch braucht, um der Welt gegenüberzustehen und in ihr zu arbeiten innerhalb des Erdenlebens, hängen zusammen, wie ich gerade in diesen Zeiten hier gezeigt habe, mit Betätigungen des Menschen in der geistigen Welt, die er zwischen dem Tod und einer neuen Geburt durchmacht. Dadurch ist aber bedingt, dass der Mensch hier auf Erden in gewissen Zusammenhängen darinnensteht, die auf Erden selbst nicht wirklich sind, die ihre Wirklichkeit erst zeigen, wenn man das Ganze im übersinnlichen Gebiete betrachtet.

Nun wollen wir heute von diesem Gesichtspunkte aus unser Augenmerk auf die drei eigentlich alle menschliche Tätigkeit auf der Erde umfassenden Gebiete richten. Wir wollen unser Augenmerk richten auf die Gedanken, durch die der Mensch sich in der Welt die *Wahrheit* aneignen will, wir wollen unser Augenmerk dann richten auf die Gefühle, insofern sich der Mensch in und durch seine Gefühlswelt das *Schöne* aneignen will, und wir wollen auf die Willensnatur des Menschen unser Augenmerk richten, insofern der Mensch durch seine Willensnatur das *Gute* verwirklichen soll.

Wenn man von Gedanken spricht, so meint man dasjenige Gebiet, durch das sich der Mensch die Wahrheit aneignen kann. Aber Gedanken selbst können nichts Wirkliches sein. Gerade wenn wir uns klar sind darüber, dass wir uns durch unsere Gedanken über die Wahrheit des Wirklichen unterrichten sollen, dann muss auch zugegeben werden, dass Gedanken als solche nichts Wirkliches sein können. Denn nehmen Sie einmal an, Sie würden in Ihren Gedanken so darinnenstecken wie in Ihrem Gehirn oder in Ihrem Herzen, dann würden diese Gedanken selber etwas Wirkliches sein. Sie würden nicht durch diese Gedanken die Wirklichkeit sich aneignen können. Man könnte nicht einmal durch die menschliche Sprache das ausdrücken, was ausgedrückt werden soll, wenn die menschliche Sprache im gewöhnlichen irdischen Sinne eine volle Wirklichkeit enthielte. Wenn wir jedes Mal, wenn wir einen Satz sprechen, ein ganz schweres Wirkliches aus dem Munde herausarbeiten müssten, würden wir nicht etwas ausdrücken können, sondern etwas hervorbringen. In diesem Sinne ist das Gesprochene nicht ein Wirkliches selbst, sondern «bedeutet» ein Wirkliches, so wie Gedanken auch nicht selbst ein Wirkliches sind, sondern ein Wirkliches bedeuten.

Wenn wir auf das Gute schauen, dann werden wir finden: dasjenige, was sich durch die physische Wirklichkeit von selber macht, das kann nicht als ein

Gutes angesprochen werden. Wir müssen aus der Tiefe unseres Wesens heraus zunächst als ein volles Unwirkliches den Impuls zum Guten holen und ihn dann verwirklichen. Wenn der Impuls zum Guten so auftreten würde wie der Hunger, als ein äußeres Wirkliches, so würde es nicht das Gute sein können.

Und wenn Sie eine Statue ansehen, so kommen Sie nicht auf den Gedanken, dass Sie mit der sich besprechen können. Sie ist ein bloßes Scheingebilde. Im Schein spricht sich etwas aus, was Schönheit ist. Sodass wir in der Wahrheit zwar die Wirklichkeit «bedeutet» haben, dass aber die Wahrheit selber in einem unwirklichen Element sich bewegt, ebenso die Schönheit, ebenso die Güte.

Aber so notwendig es für den Menschen ist, dass seine Gedanken nicht selber Wirkliches sind – denken Sie, wenn die Gedanken im Kopfe wie Bleifiguren herumwandern würden, dann würden Sie zwar ein Wirkliches verspüren, aber diese Bleigedanken würden Ihnen nichts bedeuten können, sie wären selber etwas Wirkliches –, so wahr also die Gedanken, so wahr auch das Schöne und das Gute nichts unmittelbar Wirkliches sein können, so wahr ist es dennoch, dass ein Wirkliches notwendig ist in dieser physisch-irdischen Welt, damit wir Gedanken haben können, damit wir das Schöne in der Welt durch die Kunst verwirklichen können und damit wir auch das Gute verwirklichen können.

Und indem ich dieses bespreche, komme ich heute auf ein Gebiet geisteswissenschaftlicher Betrachtung, das uns recht tief hineinführen kann in dasjenige, was auch auf Erden hier an geistiger Wesenheit um uns herum ist, was sehr nötig ist zu unserem irdischen Dasein, was sich aber der Beobachtung, die den Sinnen möglich ist, eben durchaus entzieht und daher auch vom gewöhnlichen Bewusstsein, das sich nur auf die sinnliche Wahrnehmung stützt, nicht gedacht werden kann. Wir sind überall umgeben in Wahrheit von geistigen Wesen der verschiedensten Art, nur dass das gewöhnliche Bewusstsein diese geistigen Wesen nicht sieht. Aber sie sind notwendig, damit wir als Menschen unsere Tätigkeiten entfalten können, damit wir die Gedanken in ihrer unwirklichen Leichtigkeit und Flüchtigkeit haben können, sodass sie nicht selbst wie Bleigewichte in unserem Kopfe vorhanden sind, nicht selbst etwas sind, sondern etwas bedeuten können. Dazu ist notwendig, dass in der Welt Wesen vorhanden sind, welche verursachen, dass unsere Gedanken mit ihrer Unwirklichkeit uns nicht fortwährend gleich entschwinden. Wir Menschen sind eigentlich mit dem gewöhnlichen Bewusstsein, ich möchte sagen, zu schwerhaltige Wesen, zu plumpe Wesen, als dass wir so ohne weiteres mit diesem gewöhnlichen Bewusstsein die Gedanken festhalten könnten, und es müssen Elementarwesen da sein, die uns fortwährend helfen, unsere Gedanken festzuhalten. Solche Elementarwesen sind auch da, nur sind sie außerordentlich schwer zu entdecken, weil sie, ich möchte sagen, sich fortdauernd verstecken.

Wenn man sich fragt: Wodurch kommt es denn eigentlich, dass man einen Gedanken festhalten kann, trotzdem er gar kein Wirkliches ist, wer hilft einem dabei? – dann wird man sehr leicht gerade bei der geisteswissenschaftlichen Anschauung getäuscht. Denn in demselben Momente, wo man sich darauf verlegt, zu fragen: Wer hält die Gedanken für den Menschen fest? – wird man schon durch diese Tendenz, von den geistigen Wesenhaftigkeiten wissen zu wollen, welche die Gedanken festhalten, in das Reich der ahrimanischen Wesenheiten hineingetrieben.[1] Und man taucht unter in das Reich der ahrimanischen Wesenheiten und beginnt sehr bald zu glauben – aber es ist ein täuschender Glaube –, dass man von den ahrimanischen Geistern unterstützt werden muss, um die Gedanken festzuhalten, damit sie einem nicht gleich, wenn man sie fasst, entschwinden. Daher sind auch die meisten Menschen unbewusst den ahrimanischen Wesenheiten sogar dankbar dafür, dass sie sie in ihrem Denken unterstützen. Aber es ist eigentlich ein schlecht angebrachter Dank, denn es gibt ein ganzes Reich von Wesenheiten, welche uns gerade in Bezug auf unsere Gedankenwelt unterstützen und die durchaus nicht ahrimanischer Wesenheit sind.

Diese Wesenheiten sind auch für das schon vorgerückte Schauen in der geistigen Welt schwer zu entdecken. Man findet sie zuweilen, wenn man zum Beispiel einen sehr gescheiten Menschen in seinem Tun und Treiben beobachtet. Wenn man nämlich in seinem Tun und Treiben einen sehr gescheiten Menschen beobachtet, dann hat eigentlich dieser Mensch eine flüchtige Gefolgschaft. Er geht eigentlich nirgends allein herum, sondern er hat eine flüchtige Gefolgschaft von geistigen Wesenheiten, die nicht dem ahrimanischen Reich angehören, die aber eine ganz merkwürdige Eigenschaft haben, die man eigentlich erst kennen lernt, wenn man jene Wesenheiten beobachten kann, welche den elementarischen Reichen angehören, die also nicht für die sinnlichen Augen erscheinen, die sich betätigen, wenn Formen in der Natur, Kristallformen zum Beispiel und dergleichen, entstehen. Alles Formhafte unterliegt ja der Tätigkeit dieser Wesenheiten, die Sie auch in meinen Mysterien in ihrer Tätigkeit als Wesenheiten geschildert finden,[2] die feste Formen prägen und hämmern. Wenn Sie in dem einen Mysterienspiel die gnomenartigen Wesen verfolgen, so haben Sie da diese Wesen, welche Formen hervorbringen. Nun sind – wie Sie das schon aus der Art und Weise, wie ich das in meinen Mysteriendramen dargestellt habe, ersehen können – diese Wesenheiten schlau, und aus ihrer Schlauheit heraus spotten sie über den geringen Verstand, den die Menschen haben. Vergegenwärtigen Sie sich diese Szene, wenn Sie sie aus meinem Mysterienspiel kennen.

Wenn man nun einen wirklich gescheiten Menschen verfolgt, wie er in seinem Gefolge ein ganzes Heer solcher Wesenheiten haben kann, wie ich vorhin gesagt habe, so findet man, dass diese Wesenheiten außerordentlich gering geachtet werden von den Gnomengeistern der elementarischen Welt, weil sie plump sind, und vor allen Dingen, weil sie furchtbar töricht sind. Das Törichte ist ihre hauptsächlichste Eigenschaft. Und so kann man sagen: Gerade gescheiteste Leute in der Welt, wenn man sie daraufhin beobachten kann, werden von ganzen Trupps von Toren verfolgt aus der geistigen Welt. – Es ist, wie wenn diese Toren zu einem gehören wollten. Und diese Toren werden, wie gesagt, außerordentlich gering geachtet von den Wesenheiten, welche Formen in der Natur verfertigen in der in den Mysterien geschilderten Weise. Sodass man sagen kann: In den Welten, die zunächst dem gewöhnlichen Bewusstsein unbekannt sind, ist eine, die von einem Volk, von einem Geistervolk von Toren bevölkert ist, von Toren, die sich insbesondere zur menschlichen Weisheit und Klugheit hindrängen.

Diese Wesen haben im gegenwärtigen Zeitalter eigentlich kein eigenes Leben. Sie kommen dadurch zu einem Leben, dass sie das Leben derjenigen benutzen, welche sterben, welche durch Krankheiten sterben, aber noch Lebenskräfte in sich haben. Vergangenes Leben nur können sie benutzen. Es sind also Geistertoren, welche das Leben, das von Menschen übrig bleibt, benützen, die also sozusagen sich vollsaugen von dem, was von übrig bleibendem Leben noch an Kirchhöfen und dergleichen aufsteigt.

Gerade wenn man eindringt in solche Welten, dann bekommt man einen Begriff, wie unendlich stark die Welt, die hinter der menschlichen Sinneswelt ist, bevölkert ist, und wie mannigfaltig die Klassen von solchen geistigen Wesenheiten sind, und wie diese geistigen Wesenheiten durchaus im Zusammenhang mit unseren Fähigkeiten stehen. Denn der gescheite Mensch, den man da in seiner Tätigkeit verfolgt, kann, wenn er nicht hellsichtig, sondern bloß gescheit ist, seine gescheiten Gedanken gerade dadurch besonders festhalten, dass er von diesem Tross von geistigen Toren verfolgt ist. Die klammern sich an seine Gedanken, zerren sie und geben ihnen Gewicht, sodass sie bei ihm bleiben, während er sonst die Gedanken rasch verschwinden haben würde.

Diese Wesenheiten werden also außerordentlich stark verspottet von den gnomenhaften Wesenheiten. Die gnomenhaften Wesenheiten wollen sie in ihrem Reiche nicht dulden, aber sie gehören demselben Reiche an. Sie vertreiben sie fortwährend, und es ist ein harter Kampf zwischen dem Gnomenvolke und diesem Volke von geistigen Toren, die eigentlich erst dem Menschen die Weisheit möglich machen, denn sonst wäre die Weisheit flüchtig, würde in dem Moment vergehen, wo sie entsteht, könnte nicht bleiben. Wie gesagt, sie sind schwer zu entdecken, diese Wesenheiten, weil man sehr leicht sofort ins Ahrimanische hinunterkollert, wenn man die entsprechende Frage aufstellt. Aber man kann sie bei solchen Gelegenheiten finden, wie ich sie angedeutet habe, durch Verfolgen besonders gescheiter Menschen, die einen ganzen Tross von solchen Wesenheiten hinter sich haben. Außerdem aber, wenn nicht genug gescheite Gedanken da sind, die am Menschen haften, findet man diese Wesenheiten auf allerlei Denkmälern der Weisheit. Sie halten sich zum Beispiel – aber sie sind dort auch schwer zu finden – in Bibliotheken auf, wenn etwas Gescheites in den Büchern darinnen steht. Wenn in den Büchern Dummes steht, dann sind diese Wesenheiten nicht zu finden, sie sind eben nur dort zu finden, wo Gescheites ist; daran klammern sie sich.

Wir gewinnen da gewissermaßen Einblick in ein Reich, das uns durchaus umgibt, das wie die Naturreiche vorhanden ist und das mit unseren eigenen Fähigkeiten etwas zu tun hat, das aber auch von uns schwer zu beurteilen ist. Daher muss man sich, wenn man es beurteilen will, schon auf diese gnomenhaften Wesen verlassen und auf ihre Aussagen etwas geben, und die finden sie außerordentlich dumm und frech. Aber sie haben noch eine Eigenschaft, diese Wesen. Wenn sie gar zu sehr von den Naturgeistern gnomenhafter Art verfolgt werden, dann flüchten sie sich in die menschlichen Köpfe, und während sie eigentlich draußen in der Natur fast Riesen sind – sie sind nämlich außerordentlich groß –, werden sie ganz klein, wenn sie in den menschlichen Köpfen sind. Man könnte sagen, dass sie eine Art abnormer Naturgeister sind, die aber mit der ganzen menschlichen Entwickelung auf der Erde innig zusammenhängen.

Eine andere Art ist diejenige, welche vorzugsweise im wässrigen und luftförmigen Elemente lebt, so wie jene Wesenheiten, die Sie in den angedeuteten Mysteriendramen als die sylphenartigen Wesenheiten und so weiter von mir geschildert finden. Diese Wesenheiten, die ich jetzt meine, haben es vorzugsweise mit der Welt des Scheines, des schönen Scheines zu tun, sie hängen sich weniger an die gescheiten Leute als an die künstlerischen Naturen an. Aber auch sie sind wiederum sehr schwer zu entdecken, weil sie sich leicht verstecken können. Sie sind da zu finden, wo wirkliche Kunstwerke sind, wo also im Scheine vorhanden ist die menschliche Gestalt oder natürliche Gestalten oder dergleichen. Da sind sie zu finden. Diese Wesenheiten können wir, wie gesagt, auch wieder nur schwer entdecken. Wenn wir uns nämlich fragen: Wie kommt es, dass der schöne Schein uns interessiert, dass wir unter Umständen ein größeres Vergnügen an einer schönen Statue haben als an einem lebendigen Menschen – allerdings ein Vergnügen anderer Art, aber eben größeres Vergnügen –, oder dass wir uns an der melodischen oder harmonischen Ausgestaltung von Tönen erbauen und erfreuen? – so kollern wir wieder sehr leicht in ein anderes Reich hinein, in das Reich der luziferischen Wesenheiten. Aber es sind nicht nur die luziferischen Wesenheiten, welche das Künstlerische tragen, sondern wiederum ein solches Reich von elementarischen Wesenheiten, welche den Menschen, der sonst immer geneigt sein würde, dem künstlerisch schönen Scheine gegenüber kein Interesse zu haben, weil er unwirklich ist, in diesem Interesse wachhalten, welche überhaupt das künstlerische Interesse anregen.

Nun ist es deshalb so schwierig, diese Wesenheiten

zu entdecken, weil sie sich noch leichter als die Toren in der Geisterwelt verstecken können, denn sie sind eigentlich nur da, wo das Schöne sich geltend macht. Und wenn man dem Schönen hingegeben ist, wenn man das Schöne genießt, dann sieht man diese Wesen ganz gewiss nicht. Warum?

Man muss tatsächlich, um dieser Wesen auf eine normale Weise ansichtig zu werden, versuchen, wenn man irgendwie künstlerischen Eindrücken hingegeben ist, den hellseherischen Blick auf diejenigen Wesenheiten zu richten, die Sie in derselben Szene als nymphen- oder sylphenartige Wesen geschildert finden, die auch in den Elementarreichen der Natur vorhanden sind, und man muss sich in diese hineinversetzen. Man muss gewissermaßen mit diesen Luft- und Wasserwesen die andern anschauen, die da vorhanden sind im Genusse des Schönen. Und da das schwer ist, so muss man sich noch auf eine andere Weise helfen. Nun, zum Glück, möchte ich sagen, kann man diese Wesen dann leicht entdecken, wenn man irgend jemandem zuhört, der ziemlich schön spricht und dessen Sprache man nicht ordentlich versteht, wo man nur die Laute hört, ohne dass man sie in ihrer Bedeutung versteht. Wenn man sich dem hingibt, diesem Schön-Sprechen – aber es muss schön gesprochen sein, es muss oratorisch gesprochen sein, und, man muss es doch nicht ordentlich verstehen –, dann kann man sich die Fähigkeit aneignen, es ist eine intime, zarte Fähigkeit, diese Wesenheiten zu sehen. Also man muss sozusagen versuchen, das Talent der

Sylphen sich anzueignen und es zu verstärken durch jenes Talent, das sich dann ausbildet, wenn man Reden zuhört, die schön gesprochen werden und die man nicht versteht, wobei man auch nicht hinhört auf das, was sie bedeuten sollen, sondern nur auf das schöne Sprechen. Dann entdeckt man diese Wesenheiten, welche überall da sind, wo das Schöne ist, und ihre Unterstützung gewähren, sodass der Mensch das rechte Interesse an dem Schönen haben kann.

Und dann folgt das große Enttäuschtsein, dann folgt das große, furchtbare Erstaunen. Diese Wesen sind nämlich urhässlich, das Hässlichste, was man entdecken kann, schauderhafte Wesen, die Urbilder der Hässlichkeit. Und hat man einmal sich den geistigen Blick für diese Wesen angeeignet und besucht dann mit diesem geistigen Blick irgendein Atelier, in dem Künstlerisches geschaffen wird, dann findet man, dass es diese Wesenheiten sind, die wie Spinnen eigentlich auf dem Grunde des Weltendaseins auf Erden sind, damit der Mensch an der Schönheit Interesse hat. Diese schauderhaften Spinnenwesen elementarischer Art sind es, durch die das Interesse an der Schönheit gerade wach wird. Der Mensch würde gar nicht das richtige Interesse an der Schönheit haben können, wenn er nicht mit seiner Seele in eine Welt von urhässlichen Spinnenwesen eingesponnen wäre.

Man ahnt gar nicht, wenn man so durch eine Galerie geht – denn das, was ich erzählt habe, ist alles nur zum Entdecken der Formen dieser Wesenheiten, sie sind jedes Mal da, wenn der Mensch das Schöne genießt –, wie man in seinem Interesse für die schönsten Bilder dadurch unterstützt wird, dass in allen Ohren und in allen Nasenlöchern diese hässlichsten Spinnen aus- und einkriechen. Auf dem Grunde der Hässlichkeit erhebt sich des Menschen Begeisterung für die Schönheit. Das ist ein Weltengeheimnis. Man braucht, ich möchte sagen, die Aufstachelung durch das Hässliche, damit gerade das Schöne zum Vorschein kommt. Und die großen künstlerischen Naturen waren solche, die durch ihre starke Leiblichkeit das Durchsetztsein mit diesen Spinnen ertragen konnten, um eine Sixtinische Madonna oder dergleichen hervorzubringen. Was in der Welt an Schönem hervorgebracht wird, wird eben durchaus so hervorgebracht, dass es sich aus einem Meere von Hässlichkeit durch den Enthusiasmus der menschlichen Seele heraushebt.

Man darf nicht glauben, dass, wenn man hinter den Schleier des Sinnlichen kommt, wenn man an das Gebiet jenseits der Schwelle kommt, man da in lauter Schönes kommt. Glauben Sie nicht, dass von irgendjemandem, der diese Dinge kennt, es etwa leichtsinnig ausgesprochen ist, wenn er sagt: Die Menschen müssen, wenn sie nicht ordentlich vorbereitet sind, an der Schwelle der geistigen Welt zurückgehalten werden. – Denn zunächst muss man für alles, was man als das Erhebende und Erbauende gewissermaßen vor dem Vorhang hat, kennen lernen die durchaus nicht erbaulichen Untergründe. Und wenn Sie daher in der elementarischen Welt, die der Luft und dem Wasser angehört, sich schauend ergehen, dann sehen Sie wiederum den großen Kampf der flüchtigen Sylphenwelt und Undinenwelt gegenüber diesen Urbildern der Hässlichkeit. Ich sage Spinnentiere; sie bestehen nicht aus dem Spinnengewebe, sondern sie sind aus dem Elemente des Wassers und aus dem Elemente des Wasserdunstes gebaut. Sie sind flüchtig gestaltete Luftgestalten, die ihre Hässlichkeit noch dadurch erhöhen, dass sie in jeder Sekunde eine andere Hässlichkeit haben, wodurch man immer das Gefühl hat, jede nächstfolgende Hässlichkeit, die auf eine vorhergehende aufgesetzt wird, ist noch größer als die vorhergehende. Das ist die Welt, welche ebenso in der Luft und im Wasser vorhanden ist wie dasjenige, was erfreulich ist in Luft und Wasser.

Und damit der Mensch den Enthusiasmus für das Gute entwickeln kann, findet noch ein anderes statt. Bei den andern Wesen kann man sagen, sie sind mehr oder weniger da, aber bei den Wesenheiten, von denen ich jetzt sprechen will, muss man eigentlich sagen, sie entwickeln sich fortwährend, und zwar entwickeln sie sich gerade dann, wenn der Mensch eine gewisse innere Wärme für das Gute hat. Da entwickeln sich in dieser Wärme jene Wesenheiten, die nun feuriger, warmer Natur sind, Wesenheiten, die in der Gegenwart leben, die aber eigentlich eine solche Natur haben, wie ich sie in meiner *Geheimwissenschaft im Umriss* für das Saturndasein des Menschen beschrieben habe.

So wie der Mensch im alten Saturndasein war, so

sind diese Wesenheiten heute. Nur sind sie nicht so gestaltet wie der Mensch, aber sie haben solch eine Natur. Man kann von ihnen nicht sagen, dass sie schön oder hässlich sind oder dergleichen; man muss sie beurteilen von dem Gesichtspunkte aus, der einem von den gewöhnlichen elementarischen Wärmewesen gegeben wird, die auch vorhanden sind. Die ganze geistige Untersuchung ist außerordentlich schwer, denn man kommt an diese Wesenheiten, die bloß in der Wärme, also – im alten Sinne gesprochen – im «Feuer» leben, man kommt als Mensch außerordentlich schwer an sie heran, und wenn man herankommt, so ist es nicht angenehm. Man kommt zum Beispiel heran, wenn man im heftigen Fieber liegt. Aber da ist man in der Regel kein sehr objektiver Beobachter. Sonst handelt es sich darum, dass man sich durch die weitere Ausbildung der Mittel, die in meinen Büchern angegeben sind, die Anschauung für solche Wärmewesen entwickelt. Aber diese Wärmewesen haben schon ein gewisses Verhältnis zu jenen Wesenheiten, die namentlich dann erscheinen, wenn der Mensch einen warmen Enthusiasmus für das Gute entwickelt. Aber das Verhältnis ist ganz eigentümlicher Art.

Ich will hypothetisch annehmen – denn nur so kann ich eigentlich die Sache schildern –, es seien solche Wärmewesen normaler Art da, die überhaupt von der menschlichen physischen Wärme herrühren, die ja größer ist als die Wärme der Umgebung. Der Mensch hat Eigenwärme. Dadurch sind in seiner

Nähe diese Wesenheiten. Und nun werden in einem Menschen, der für das Gute enthusiasmiert ist, diese andern Wesenheiten, die auch Wärmewesen, aber anderer Art sind, hervorgebracht. Wenn sie aber in der Nähe der normalen Feuerwesen sind, ziehen sie sich gleich vor ihnen zurück und schlüpfen in das Innerste des Menschen hinein. Wenn man sich nämlich viel Mühe gibt, vom Standpunkt der normalen Wärmewesen aus die Eigenschaften dieser Wesenheiten zu entdecken, dann findet man: diese Wesenheiten haben ein intimes, aber furchtbar stark ausgebildetes Schamgefühl. Sie wollen absolut nicht beobachtet werden von andern Wesen der geistigen Welt und fliehen vor ihnen, weil sie sich schämen, gesehen zu werden, fliehen vor allen Dingen in das Innerste der Menschen hinein, sodass sie schwer zu entdecken sind. Sie sind eigentlich nur zu entdecken, wenn man, sagen wir, sich selbst beobachtet in gewissen Momenten, die man eigentlich willkürlich nicht so leicht herbeiführen kann. Nehmen Sie einmal an, Sie lesen irgendetwas und werden einfach dadurch, dass Sie eine Szene lesen, die Sie dramatisch sehr ergreift, ohne dass Sie ein sentimentaler Mensch sind, zu Tränen gerührt. Irgendeine große, gute Handlung, meinetwillen im Roman, wird geschildert, Sie werden bis zu Tränen gerührt. Wenn Sie dann Selbstbeobachtung haben, da können Sie entdecken, wie ganze Scharen solcher Wesenheiten – die ein so fein und intim ausgebildetes Schamgefühl haben, dass sie von allen anderen Wesen der geistigen Welt nicht gesehen sein wollen – sich in Ihr Herz, überhaupt in Ihre ganze innere Brust hineinflüchten, wie sie zu Ihnen kommen, wie sie Schutz suchen vor den andern Wesen der elementarisch-geistigen Welten und namentlich vor den andern Wärmewesen.

Es ist eine bedeutsame Abstoßungskraft zwischen den normalen Wärmewesen und diesen mit so außerordentlich starkem Schamgefühl ausgestatteten Wärmewesen, die nur in der moralischen Sphäre der Menschen leben und sich vor der Berührung mit andern Geistwesen flüchten. Diese Wesenheiten sind in viel größerer Anzahl vorhanden, als man gewöhnlich meint, und sie sind es, die gerade den Menschen mit dem Enthusiasmus für das moralisch Gute ausgestalten. Der Mensch würde nicht leicht diesen Enthusiasmus für das moralisch Gute bekommen, wenn diese Wesenheiten ihm nicht zu Hilfe kämen. Und wenn der Mensch das Moralische liebt, dann steht er eigentlich im Bunde, im unbewussten Bunde mit diesen Wesenheiten.

Gewisse Eigenschaften dieser Wesenheiten sind durchaus so, dass man leicht dieses ganze Reich missverstehen kann. Denn in der Tat, warum schämen sich denn diese Wesen? Sie schämen sich wirklich aus dem Grunde, weil die ganze übrige geistige Welt des Elementarreiches, in dem diese Wesenheiten sind, sie eigentlich verachtet, nichts wissen will von ihnen. Und das spüren diese Wesenheiten, und dadurch, dass sie so verachtete Wesenheiten sind, wirken sie gerade zum Enthusiasmus für das Gute.

Gewisse andere Eigenschaften dieser Wesenheiten möchte ich gar nicht gerne berühren, weil man schon sehen kann, wie eigentümlich die Menschenseele berührt wird, wenn man von den urhässlichen Spinnenwesen berichtet. Deshalb möchte ich gewisse Eigenschaften dieser Wesenheiten unberührt lassen. Aber wir haben gesehen, wie dasjenige, was sich hier im Reiche des Sinnenwesens entwickelt als das *Wahre*, das *Schöne*, das *Gute*, sich durchaus herausentwickelt aus Grundlagen, die diese drei geistigen Reiche, die ich geschildert habe, brauchen, so wie wir als Menschen auf Erden den Boden brauchen, auf dem wir gehen. Nicht, als ob diese Wesenheiten das Wahre, Schöne und Gute erzeugen würden, das tun sie nicht. Aber die Gedanken, die das Wahre ausdrücken, die das Wahre bedeuten, brauchen die geistigen Dummköpfe, damit sie sich auf ihren Schultern bewegen können. Und das Schöne, das der Mensch hervorbringt, braucht die hässlichen Wasser- und Luftspinnen, damit es sich aus diesem Meere von Hässlichkeit erheben kann. Und das Gute braucht ein Reich von Wesenheiten, das sich gar nicht unter den andern anständigen Wärmewesen zeigen kann, das sich immer scheuen muss und das gerade dadurch den Enthusiasmus für die Impulse des Guten hervorruft.

Wenn all diese Wesen nicht wären, dann müssten wir statt unserer Gedanken im Kopfe, wenn auch nicht gerade bleierne Soldaten, so wenigstens schwere Dünste haben. Es würden nicht sehr gescheite Dinge sein, die dabei herauskämen. Und um das Schöne hervorzubringen, müssten wir schon die Gabe haben, dieses Schöne auch ein wenig lebendig zu machen, damit die Menschen Interesse daran hätten und so weiter. Damit hier im Reiche der Sinnenwelt dasjenige vorhanden ist, was wir brauchen für unsere Gedankentätigkeit, für unsere Gefühlstätigkeit im Schönen, für unsere Willenstätigkeit im Guten, dazu sind drei solche elementarische Reiche notwendig.

Wenn wir die normalen elementarischen Reiche betrachten, also – wenn wir uns des volkstümlichen Ausdruckes bedienen – die Reiche der Gnomen, Sylphen, Undinen, Salamander, so haben wir in ihnen eigentlich Reiche, die erst noch etwas in der Welt werden wollen. Sie gehen ähnlichen Gestaltungen entgegen, die wir in unserer Sinnenwelt haben, nur anders werden sie sein, aber sie werden für solche Sinne, wie die Menschen sie heute haben, einmal wahrnehmbar werden, während sie heute in ihrem elementaren Dasein nicht für die gewöhnlichen Sinne wahrnehmbar sind.

Die Wesenheiten aber, welche ich Ihnen jetzt geschildert habe, sind über die Stufe, die heute Menschen und Tiere oder Pflanzen haben, schon hinübergeschnappt, sind weiter als diese, sind schon hinübergeschnappt. Sodass wir, wenn wir zum Beispiel zum alten Mondenwesen zurückgehen könnten, das dem Erdendasein vorangegangen ist, wir dort diese Wesenheiten finden würden, die wir heute hier als jene schamhaft moralisch anspornenden Wesenheiten auf Erden finden. Die würden wir auf dem alten Monde als richtige Tierwelt, die auch für irdische Augen sichtbar wäre, sich so herumspinnen sehen, so von Baum zu Baum, sagen wir. Aber Sie müssen sich das Mondendasein ins Gedächtnis rufen, wie ich es geschildert habe in meiner *Geheimwissenschaft*. Dieses Mondendasein ist natürlich ein weiches und flüchtiges, und die Dinge metamorphosieren sich, bilden sich um. Und zwischen diesen Wesenheiten, da spinnen sich hin dann jene hässlichen Wesen, die ich geschildert habe, diese Urspinnen, von denen der alte Mond ganz durchsetzt war und die da sichtbar waren. Und dann waren auch vorhanden jene Wesenheiten, die heute als die Dummköpfe den Weisen begleiten. Die waren dort vorhanden, und sie haben es bewirkt, dass der alte Mond zerstoben ist, sodass die Erde daraus werden konnte. Auch hier noch während des Erdendaseins haben diese Wesenheiten keine Freude an der Entstehung der Kristalle, aber an allem Zerhacken des Mineralischen.

Also während wir von den andern, normalen Elementarwesen sagen können, sie werden einmal sichtbar, sinnenfällig wahrnehmbar werden, müssen wir von diesen Wesenheiten sagen, sie waren einmal sinnenfällig wahrnehmbar und sind allerdings nun durch ahrimanische und luziferische Geistigkeit ins Geistige herübergeschnappt. Sodass wir also zweierlei Arten von elementarischen Wesen haben, eine aufsteigende und eine absteigende Art. Und ich möchte sagen: Auf dem Moder der alten Mondenhässlichkeit – denn die war reichlich während des alten Mondendaseins vorhanden – erwächst unsere Welt der Schönheit.

Sie haben ein Analogon in der Natur, wenn Sie den Mist, den Dünger auf die Äcker hinausführen und dann daraus die schönsten Pflanzen erblühen. Da haben Sie das Analogon der Natur, nur dass da Ihnen auch der Dünger, der Mist sinnlich entgegentritt. So ist es, wenn man dasjenige geistig betrachtet, was nur halb wirklich ist als Welt des Schönen. Dieses, was nur halb wirklich ist als Welt des Schönen, lassen Sie es vor sich stehen, ohne Rücksicht zu nehmen darauf, was sonst lebendig in den drei Reichen der Natur auf der Erde wimmelt, lassen Sie meinetwillen vor Ihrem Geiste auftauchen alles das, was an schönen Nachwirkungen aus der Erde hervorsprießt. Jedenfalls, wie auf einer Wiese die schönsten Blumen hervorsprießen, so müssen Sie sich darunter jenen Moder, jenen Dünger, den Mondendünger geistig denken, der diese hässlichen Spinnen, die ich geschildert habe, enthält. So wie Ihnen Ihr Kohl nicht wächst, ohne dass Sie misten, ebenso wenig kann Schönheit auf der Erde erblühen, ohne dass die Götter die Erde mit Hässlichkeit düngen. Das ist die innere Notwendigkeit des Lebens, und diese innere Notwendigkeit des Lebens muss man kennen, denn die gibt allein die Fähigkeit, wissend gegenüberzustehen dem, was eigentlich in der Natur uns umgibt.

Wer glaubt, dass auf Erden die Schönheit in der

Kunst hervorgebracht werden kann ohne die Grundlage dieser Hässlichkeit, gleicht einem Menschen, der sagt: Es ist aber doch eigentlich schauderhaft, dass die Leute düngen, sie sollen doch lieber die schönen Dinge wachsen lassen ohne Mist. – Es ist eben nicht möglich, dass die Schönheit hervorgebracht wird ohne die Grundlage der Hässlichkeit. Und will man sich nicht Illusionen über die Welt hingeben, das heißt, will man wahrhaftig erkennen das Wirkliche und nicht das Illusorische, dann muss man diese Dinge erkennen. Das ist schon notwendig. Wer da glaubt, dass in der Welt die Kunst ist ohne die Hässlichkeit, der kennt die Kunst auch nicht. Warum nicht? Nun, einfach aus dem Grunde, weil nur derjenige, der eine Ahnung hat von dem, was ich Ihnen heute geschildert habe, erst in der richtigen Weise die Kunstwerke genießen wird, denn er weiß, um was sie im Weltendasein erkauft sind. Und wer Kunstwerke genießen will ohne dieses Bewusstsein, der gleicht eigentlich einem Menschen, der das Düngen der Äcker abschaffen möchte. Er kennt dann nicht das, was in der Natur wächst, sondern er hat in Wirklichkeit nur die Illusion vor sich, gewissermaßen Pflanzen aus Papiermaché. Wenn er auch wirkliche Pflanzen hat, hat er nur Pflanzen aus Papiermaché! Wer die Hässlichkeit nicht in seinen Untergründen fühlt, hat nicht das rechte Entzücken an der Schönheit.

So ist es in der Welt eingerichtet. Und das ist es, was die Menschheit lernen muss, wenn sie nicht weiter durch die Welt wandern will – ich habe es schon einmal gesagt – wie eben die Regenwürmer, die auch an ihrem Element haften und nicht aufschauen zu dem, was wirklich ist. Die Menschen können aber das, was in ihnen liegt an Anlagen, nur entwickeln, wenn sie sich der Wirklichkeit gegenüberstellen. Die Wirklichkeit aber ist nicht damit gegeben, dass man nur redet von Geist, Geist, Geist, sondern dass man die geistige Welt wirklich kennen lernt. Dann aber muss man auch sich aussetzen dem, dass unter Umständen in gewissen Gebieten der geistigen Welt so etwas zutage tritt, wie ich es Ihnen heute geschildert habe.

WAHRHEIT, SCHÖNHEIT, GÜTE: DIE GROSSEN CHARAKTERE DES MENSCHLICHEN STREBENS

Dornach, 19. Januar 1923

Als die drei großen Ideale der Menschheit werden durch alle Zeiten hindurch, in welchen die bewusste menschliche Entwickelung läuft, genannt das Wahre, das Schöne, das Gute. Man kann sagen: Diese drei Ideale, *Wahrheit, Schönheit, Güte,* werden aus einem gewissen Instinkte heraus genannt als die großen Ziele, oder vielmehr besser gesagt die großen Charaktere des menschlichen Strebens. In älteren Zeiten wusste man allerdings mehr über das Wesen des Menschen und seinen Zusammenhang mit der Welt, und dadurch war man auch in der Lage, wenn man von solchen Dingen sprach, wie Wahrheit, Schönheit, Güte, Konkreteres zu meinen, als das heute in unserer, das Abstrakte liebenden Zeit der Fall ist. Und anthroposophische Geisteswissenschaft ist wiederum imstande, auf solches bestimmter Konkreteres hinzuweisen. Allerdings kommt man damit nicht immer einer Neigung unserer Zeit entgegen – denn unsere Zeit liebt das Ungenaue, das Unbestimmte, das Nebulöse –, in dem Augenblick, wo es sich darum handelt, über das Alltägliche hinauszugehen. Machen wir uns heute einmal klar, wie der Inhalt der Worte Wahrheit, Schönheit, Güte zusammenhängt mit dem Wesen des Menschen.

Wenn wir dieses Wesen des Menschen uns vor das Seelenauge stellen, so müssen wir ja zunächst auf den physischen Leib des Menschen hinschauen. Dieser physische Leib des Menschen, er wird ja eigentlich heute allein nach äußerlicher Weise betrachtet. Man hat kein Bewusstsein davon, wie dieser physische Leib in dem vorirdischen Dasein aufgebaut wird in seinen Einzelheiten, in Bezug auf Form, in Bezug auf seine Betätigung in dem vorirdischen Dasein. Gewiss lebt der Mensch in seinem vorirdischen Dasein in einer rein geistigen Welt. Aber in dieser geistigen Welt arbeitet er – das habe ich ja in den Vorträgen, die vor kurzem erst von mir gehalten worden sind, gesagt[1] –, in dieser geistigen Welt arbeitet er im Vereine mit höheren Wesenheiten den geistigen Prototyp, die Geistgestalt des physischen Leibes aus. Und dasjenige, was wir hier als physischen Leib an uns tragen, das ist ja einfach ein Abbild, ein physisches Abbild dessen, was als eine Art Geistkeim im vorirdischen Dasein vom Menschen selbst ausgearbeitet wird.

Wenn man dies ins Auge fasst, so muss man sich sagen: Hier im irdischen Dasein fühlt der Mensch an sich seinen physischen Leib. Aber von dem, was alles zusammenhängt mit diesem Gefühl vom physischen Leibe, davon verschafft sich der heutige Mensch nicht viel Bewusstsein. Wir sprechen von *Wahrheit*, wissen aber nur wenig, dass das Gefühl für Wahrheit zusammenhängt mit dem allgemeinen Gefühl, das wir von unserem physischen Leibe haben. Wenn der Mensch einer einfachen Tatsache gegenübersteht, so kann er ja gegenüber dieser Tatsache entweder streng darauf halten, sich eine Vorstellung zu bilden von dieser Tatsache, die exakt dieser Tatsache entspricht, die also wahr ist, oder er kann auch, sei es aus Ungenauigkeit, aus innerer Lässigkeit heraus, sei es aus einem direkten Widerstreben gegen die Wahrheit, also aus Lügenhaftigkeit, er kann eine Vorstellung bilden, die nicht mit dieser Tatsache zusammenhängt, die nicht sich deckt mit dieser Tatsache. Wenn der Mensch über eine Tatsache die Wahrheit bedenkt, dann steht er in Übereinstimmung mit dem Gefühl, das er von seinem physischen Leibe und sogar von dem Zusammenhange seines physischen Leibes mit dem vorirdischen Dasein hat. Wir brauchen nämlich nur aus Lässigkeit oder aus Lügenhaftigkeit uns eine Vorstellung zu bilden, die nicht mit den Tatsachen übereinstimmt, dann ist es gerade so, als wenn wir gewissermaßen ein Loch hineinbrächten in dasjenige, was uns mit unserem vorirdischen Dasein in Zusammenhang hält. Wir zerreißen etwas in dem Zusammenhang mit dem vorirdischen Dasein, wenn wir uns einer Unwahrheit hingeben. Es ist ein feines geistiges Gewebe, wenn ich so sagen darf, das wir im vorirdischen Dasein ausarbeiten, das sich dann zusammenzieht und das im Abbilde unseren physischen Leib bildet. Man möchte sagen, dieser physische Leib hängt durch viele Fäden mit dem vorirdischen Dasein zusammen, und die Hingabe an eine Unwahrhaftigkeit reißt solche Fäden. Das bloße Verstandesbewusstsein, das heute, im Beginne des Zeitalters der Bewusstseinsseele, dem Menschen so eigen ist, das wird nicht gewahr, wie etwas zerrissen wird in der eben angegebenen Art. Daher gibt sich der heutige Mensch so vielen Täuschungen hin über die Zusammenhänge, in denen er eigentlich im Weltendasein darinnen steht.

Der Mensch sieht ja heute in dem, was ihm in Bezug auf seine physische Gesundheit passiert, zumeist eben nur etwas Physisches. Aber es wirkt durchaus in den physischen Leib, namentlich in die Konstitution des Nervensystems hinein, wenn der Mensch in dieser Weise durch Hingabe an die Unwahrheit die Fäden mit dem vorirdischen Dasein zerreißt. Es ist so, dass der Mensch durch das Gefühl, das er von seinem physischen Leibe hat, eigentlich in der Welt sein geistiges Seinsgefühl hat. Dieses geistige Seinsgefühl innerlich zu haben, hängt davon ab, dass unsere Fäden, die vom physischen Leibe nach dem vorirdischen Dasein gehen, nicht zerrissen sind. Wenn sie zerreißen, dann muss der Mensch – er tut das unbewusst – einen Ersatz schaffen für sein gesundes geistiges Seinsgefühl, für sein Gefühl von Sein, von Dasein. Und dann ist er eigentlich darauf angewiesen, aus irgendwelchen konventionellen Urteilen – wie gesagt, er tut das alles unbewusst –, aus Urteilen, die sich so festgelegt haben, sich ein Seinsgefühl zuzuschreiben. Aber die Menschheit ist allmählich auch in Bezug auf dieses Seinsgefühl in eine innere Unsicherheit gekommen, die durchaus bis in den physischen Leib hineingeht. Denn dieses reine geistige Seinsgefühl, das wir um so mehr bei der Menschheit finden, je mehr wir in der Geschichte zurückgehen, ist denn das heute stark vorhanden?

Bedenken Sie nur, durch was alles der Mensch heute vielfach etwas sein will, nur nicht durch sein ursprüngliches geistiges Innenleben! Er will etwas sein dadurch, dass er, sagen wir, von seinem Beruf aus diese oder jene Bezeichnung bekommt. Er will, nun, sagen wir, Sekretär oder Aktuar sein und hat dann die Meinung, wenn aus der Konvention heraus sein Wesen durch so etwas bezeichnet wird, dann *ist* er; während es eigentlich darauf ankommt, dass der Mensch aus seinem Innengefühl dieses Sein sich zuschreiben kann, ganz abgesehen von aller Äußerlichkeit.

Aber was befestigt den Menschen in seinem Seinsgefühl? Sehen Sie, hier im irdischen Dasein leben wir ja eigentlich in der Welt, die nur ein Abbild der wahren Wirklichkeit ist. Wir verstehen sogar diese physische Welt nur dann recht, wenn wir sie als ein Abbild der wahren Wirklichkeit ansehen. Aber wir müssen die wahre Wirklichkeit in uns fühlen, wir müssen unseren Zusammenhang mit der geistigen Welt fühlen. Das können wir nur, wenn alles dasjenige intakt ist, was uns mit dem vorirdischen Dasein zusammenhält.

Und all das wird befestigt durch eine, wenn ich so sagen darf Vorliebe des Menschen für unbedingte Wahrheit und Wahrhaftigkeit. Nichts befestigt so sehr das ursprüngliche, echte Seinsgefühl des Menschen als der Sinn für Wahrheit und Wahrhaftigkeit. Sich verpflichtet fühlen, die Dinge, die man sagt, erst zu prüfen, sich verpflichtet fühlen, für die Dinge, die man sagt, erst die Grenzen zu suchen, innerhalb welcher man sie sagen kann, das trägt bei zur wirklichen inneren Konsolidierung des menschenwürdigen Seinsgefühls. Und dieses Seinsgefühl hängt eben zusammen damit, dass wir im physischen Leibe die Geistigkeit fühlen – sodass wir eine enge Verwandtschaft unseres physischen Leibes mit dem, was das Ideal der Wahrheit ist, anerkennen müssen.

Unseren Äther- oder Lebensleib, diesen Bildekräfteleib – auch das habe ich in Vorträgen, die erst in der letzten Zeit wiederum gehalten worden sind, ausgeführt[2] – erwerben wir erst kurze Zeit vor dem Herabsteigen aus dem vorirdischen Dasein in das irdische Dasein. Wir ziehen gewissermaßen die Kräfte der Ätherwelt zusammen, um unseren eigenen ätherischen Leib zu bilden. Mit Bezug auf diesen ätherischen Leib waren – wenn ich mich so ausdrücken darf – auch ältere Zeitalter der Menschheitsentwickelung besser bestellt als die heutige Menschheit. Die heutige Menschheit hat nicht viel Gefühl für diesen ätherischen Leib. Man hat im Gegenteil das

Gefühl, dass man über die Realität dieses ätherischen Leibes spottet. Nun aber wird wiederum das Gefühl innerhalb dieses ätherischen Leibes befestigt durch das Erlebnis der *Schönheit.*

Wenn Wahrheit und Wahrhaftigkeit ein wirkliches Erlebnis wird, stecken wir in gewissem Sinne richtig in unserem physischen Leibe darinnen. Wenn wir ein richtiges Gefühl für Schönheit entwickeln, stecken wir in der richtigen Weise in unserem ätherischen oder Bildekräfteleib darinnen. Schönheit hängt ebenso zusammen mit unserem ätherischen Leibe wie Wahrheit mit unserem physischen Leibe.

Sie können sich das, was ich da sage, ja am allerbesten klarmachen dadurch, dass Sie daran denken, welche Bedeutung in einem wirklich Schönen gegeben ist, das durch die Kunst hervorgebracht wird. Und was ich da zu sagen habe, gilt ja eigentlich für alle Künste. Wenn man einen einzelnen Menschen vor sich hat, wie er in Fleisch und Blut wirklich vor uns auftritt, so weiß man, man hat einen Menschen aus vielen vor sich. Der eine Mensch hat eigentlich gar keinen Sinn ohne die vielen, die in seiner Umgebung da sein müssen. Er gehört zu den vielen, die vielen gehören zu ihm. Man braucht sich nur einmal zu überlegen, wie wenig Wurzel im Dasein der physische Erdenmensch hat ohne die andern. Wenn wir aber, sei es bildhauerisch, sei es malerisch, sei es dramatisch, also durch Kunst einen Menschen darstellen, dann streben wir ja danach, etwas sich selbst Genugsames zu schaffen, etwas, was in sich abgeschlossen ist, was gewissermaßen eine ganze Welt schon in sich trägt – wie der Mensch in seinem ätherischen Leibe eigentlich die ganze Welt in sich trägt, denn er zieht die ätherischen Kräfte aus der ganzen Welt zusammen, um sich seinen ätherischen Leib innerhalb des irdischen Daseins zu gestalten.

Ältere Zeiten der Menschheit haben viel Sinn gehabt für die Schönheit, allerdings, wie sie sich die Schönheit vorgestellt haben; jedoch sie haben mehr Sinn gehabt für die Schönheit als die heutige Menschheit. Nun ist es aber so, dass eigentlich der Mensch nicht im wahren Sinne des Wortes Mensch sein kann, wenn er nicht einen Sinn für die Schönheit hat. Denn einen Sinn für die Schönheit haben, heißt anerkennen den ätherischen Leib. Keinen Sinn für Schönheit haben, heißt missachten, nicht anerkennen den ätherischen Leib.

Von alldem verspürt der heutige Mensch nichts in seinem Bewusstsein. Wenn der Grieche sich seinem Tempel genaht hat, oder wenn er gar in dem Tempel der Götterstatue ansichtig wurde, dann wurde ihm warm, und er fühlte in sich gewissermaßen etwas wie ein inneres Sonnenlicht. Und er fühlte sogar in sich etwas wie eine Art Begabung mit in sein Wesen ausstrahlenden Kräften, die in die einzelnen Organe hinstrahlten. Ein Grieche, der seinen Tempel betreten hat und der Götterstatue ansichtig wurde, er hat aus seinem vollen Herzen heraus gesagt: Ich fühle niemals die Gestaltung meiner Finger bis in die äußerste Peripherie so klar, als wenn die Götterstatue vor mir steht. Ich fühle niemals, wie sich wölbt meine Stirne über meiner Nase, ich fühle das niemals so von innen heraus, als wenn ich den Tempel betrete und die Götterstatue vor mir steht. Innerlich durchfühlt, innerlich erwärmt, erleuchtet, ja man möchte sagen, innerlich götterbegabt empfand sich der Grieche gegenüber der Schönheit. Das war aber nichts anderes als das Erfühlen im ätherischen Leibe. Und der Grieche hatte noch ein ganz anderes Gefühl bei der Hässlichkeit als ein moderner Mensch. Ein moderner Mensch fühlt die Hässlichkeit höchstens in einer sehr abstrakten Form – man möchte sagen, wenn man es lokalisieren will –, durch das Antlitz. Dem Griechen wurde bei der Hässlichkeit kalt im ganzen Leibe, und bei der starken Hässlichkeit bekam er eine Gänsehaut. Dieses reale Fühlen des ätherischen Leibes, das ist etwas, was ältere Zeiten wirklich noch im eminentesten Sinne hatten. Der Mensch hat eben im Laufe der Menschheitsentwickelung einen Teil seiner Menschlichkeit verloren. Diese Dinge alle, von denen ich jetzt gesprochen habe, sie bleiben dem modernen Menschen, der ja ganz nach seinem Kopfe hin tendiert, weil der rationalistische Verstand, die Abstraktheit, eben im Kopfe das Organ hat, all das, was früher so erlebt wurde, bleibt dem modernen Menschen eigentlich unbewusst.

Man kann sagen, durch den Enthusiasmus für die Wahrheit und Wahrhaftigkeit bildet der Mensch in unterbewussten Tiefen mindestens ein Gefühl für ein vorirdisches Dasein aus. Und ein Zeitalter, das kein

Gefühl für das vorirdische Dasein des Menschen hat, das hat auch nicht den rechten Sinn für Wahrheit und Wahrhaftigkeit. Aber gerade ein energisch und stark ausgebildetes Wahrheitsgefühl, das verbindet stark mit dieser vorirdischen Vergangenheit und macht eigentlich durch intimere Erlebnisse der irdischen Gegenwart den Menschen etwas traurig. Ein in sich ehrliches Seelenleben, das zugleich einen starken Enthusiasmus für Wahrheit und Wahrhaftigkeit entwickelt, wird immer zunächst, wenn es gerade in diesem Enthusiasmus für Wahrheit und Wahrhaftigkeit lebt, gegenüber der Gegenwart etwas traurig sein, und kann auch nur getröstet werden durch das Aufleuchten und Aufwärmen des Schönheitsgefühls in der Seele. Durch die Schönheit werden wir wiederum freudig gegenüber der Traurigkeit, die uns eigentlich immer überfällt, wenn wir den großen Enthusiasmus für Wahrheit und Wahrhaftigkeit entwickeln, der immer, wenn auch nur in intimer, feiner Art uns sagt: Ach, Wahrheit ist doch nur im vorirdischen Dasein, hier in dieser irdischen Welt haben wir doch nur einen Nachklang der Wahrheit. Indem wir die vorirdische Welt verlassen haben, haben wir eigentlich das richtige Drinnenstehen in der Substanz der Wahrheit verloren. Wir können nur durch den Enthusiasmus für Wahrheit und Wahrhaftigkeit unsere Beziehung zum vorirdischen Dasein so recht aufrechterhalten.

Durch ein echtes, wahres Gefühl gegenüber der Schönheit knüpft der Mensch gewissermaßen hier im irdischen Dasein wiederum an das vorirdische Dasein an. Und man sollte in aller Erziehung, in aller äußeren Kultur und Zivilisation die Bedeutung der Schönheit niemals unterschätzen. Eine Kulturwelt, die nur mit hässlichen Maschinen und mit Rauch angefüllt ist, mit hässlichen Schornsteinen, und die der Schönheit entbehrt, das ist eine Welt, die keine Verbindung anknüpfen will von Seiten des Menschen mit dem vorirdischen Dasein, die den Menschen gewissermaßen herausreißt aus dem vorirdischen Dasein. Man kann nicht bloß zum Vergleich, sondern in voller Wahrheit sagen: Eine reine Industriestadt ist ein delikater Aufenthalt für alle diejenigen Dämonen, die den Menschen vergessen machen möchten, dass er ein vorirdisches Dasein in der Geistigkeit hat.

Aber indem der Mensch sich der Schönheit hingibt, muss er das ja um den Preis erkaufen, dass das Schöne gerade mit Bezug auf seine Schönheit nicht in der Realität wurzelt. Je schöner wir zum Beispiel, sagen wir, bildhauerisch oder malerisch die Menschengestalt ausbilden, desto mehr müssen wir uns gestehen, dass das nicht einer äußeren Wirklichkeit im irdischen Dasein entspricht. Es ist gewissermaßen nur ein Trost durch den schönen Schein, und daher ein Trost, der eigentlich nur ausreicht bis zu dem Augenblick, wo wir durch die Pforte des Todes gehen.

Ja, diese Welt der Geistigkeit, in der wir in unserem vorirdischen Dasein voll drinnenstehen, sie ist immer da. Wir brauchen nur unseren Arm auszustrecken: wir strecken ihn aus, in die Welt hinein, welche die Welt der Geistigkeit ist, in der wir in unserem vorirdischen Dasein sind. Aber trotzdem diese Welt immer da ist, hat der Mensch eigentlich nur für das tiefste Unbewusste eine Anknüpfung an sie, wenn er im Enthusiasmus für die Wahrheit und Wahrhaftigkeit erglüht. Und es ist, ich möchte sagen eine Anknüpfung für das irdische Dasein, wenn der Mensch sich erwärmt für das Schöne, für die Schönheit.

Aber indem der Mensch wahr sein soll, heißt das ja in einem höheren geistigen Sinne: er soll nicht vergessen, dass er in einem vorirdischen Dasein in der Geistigkeit gelebt hat. Indem der Mensch für die Schönheit erglühen soll, heißt das: es soll der Mensch sich in seinem seelischen Erleben wenigstens im Bilde eine Wiederanknüpfung an das Geistige des vorirdischen Daseins schaffen. Doch wie gelangt der Mensch zur Ausbildung einer realen Kraft, die ihn hineinführt unmittelbar in jene Welt, aus der er einfach durch seine Menschenwesenheit herausgekommen ist, indem er vom vorirdischen Dasein hereingestiegen ist in das irdische Dasein?

Er kommt zu dieser Kraft, wenn er sich erfüllt mit *Güte*, mit jener Güte, die auf den andern Menschen zunächst eingeht, mit jener Güte, die nicht dabei stehen bleibt, bloß von sich zu wissen, bloß für sich Interesse zu haben, bloß dasjenige zu fühlen, was innerhalb der eigenen Wesenheit ist, mit jener Güte, die das eigene Seelische hinübertragen kann in die

Eigentümlichkeit des andern, in das Wesen des andern, in das Erleben des andern. Diese Güte bedeutet eine Summe von Kräften im menschlichen Seelischen. Und diese Kräfte sind von der Art, dass sie wirklich den Menschen durchdringen mit etwas, mit dem er im Vollmenschlichen eben nur durchdrungen war im vorirdischen Dasein. Knüpft der Mensch durch die Schönheit im Bilde an die Geistigkeit an, aus der er herausgegangen ist durch sein irdisches Dasein, so fügt sich der Mensch mit seinem irdischen Dasein zu seinem vorirdischen Dasein hinzu, indem er ein guter Mensch ist. Und ein guter Mensch ist eben derjenige, der hinübertragen kann das eigene Seelische in das Seelische des andern. Und von diesem Hinübertragen des eigenen Seelischen in das Seelische des andern hängt im Grunde genommen alle Moralität, alle wahre Moralität ab. Die Moralität ist dasjenige, ohne das eine wirkliche gesellschaftliche Konfiguration der irdischen Menschheit nicht aufrechterhalten werden kann.

Aber wenn auf der einen Seite diese Moralität sich auslebt zu den bedeutsamsten Willensimpulsen, die dann in den hohen moralischen Handlungen zur Realität kommen, so beginnt dennoch dieses Moralische im Menschen als ein das Seelische durchziehender und ergreifender Impuls damit, dass der Mensch berührt werden kann, wenn er die Sorgenfalte auf dem Gesicht des andern mitempfindet, und wenn wenigstens sein astralischer Leib beim Anblicke der Sorgenfalte des andern selbst diese Sorgenfalte bekommt. Denn geradeso wie sich das Gefühl des Wahren und Wahrhaftigen in dem richtigen Drinnenstecken im physischen Leibe manifestiert, wie sich das Erglühen und Erleben für das Schöne im ätherischen Leibe offenbart, so lebt das Gute durchaus im astralischen Leib des Menschen. Und der astralische Leib kann nicht gesund sein, kann nicht richtig in der Welt drinnenstehen, wenn der Mensch nicht in der Lage ist, ihn mit demjenigen zu durchdringen, was von der Güte herrührt.

Wahrheit hat Verwandtschaft zum physischen Leibe, Schönheit hat Verwandtschaft zum ätherischen Leibe, Güte hat Verwandtschaft zum astralischen Leibe. Damit kommen wir auf etwas Konkretes gegenüber den drei Abstraktionen Wahrheit, Schönheit, Güte, und wir können auf das wirkliche Wesen des Menschen dasjenige beziehen, was instinktiv mit diesen drei Idealen gemeint ist.

So handelt es sich darum, dass eigentlich diese drei Ideale zum Ausdruck bringen wollen, inwiefern der Mensch das Vollmenschliche in sich zu verwirklichen in der Lage ist. Er ist dazu in der Lage, wenn er in dem Sinne von Wahrheit und Wahrhaftigkeit auf menschliche Weise, und nicht bloß auf konventionelle oder natürliche Weise in seinem physischen Leibe darinnen steckt.

Das Vollmenschliche bringt der Mensch aber auch nur dadurch zu einem ihm würdigen Dasein, wenn er durch das Gefühl für Schönheit immer mehr und mehr seinen ätherischen Leib für ihn zu etwas Lebendigem gestalten kann. Man muss schon sagen: Derjenige hat nicht das rechte Gefühl für Schönheit, der nicht irgend etwas von der Art, wie ich es von den Griechen als natürlich geschildert habe, beim Anblick, beim Anschauen der Schönheit in sich regsam fühlt. Ja, meine lieben Freunde, man kann das Schöne anstarren, oder man kann es erleben. Heute ist das schon einmal so, dass die meisten Menschen das Schöne nur anstarren. Dann braucht sich nichts im ätherischen Leibe zu regen. Aber das Anstarren des Schönen ist kein Erleben. In dem Momente aber, wo die Schönheit erlebt wird, regt sich eben auch der ätherische Leib.

Man kann das Gute tun, erstens, weil es Gewohnheit ist für den Menschen, das Gute zu tun; dann, weil man vielleicht gestraft wird, wenn man ein sehr arg Böses tut; dann, weil einen die andern Leute weniger respektieren, wenn man das Schlechte tut und so weiter. Man kann aber auch das Gute tun aus wahrer Liebe zum Guten in jenem Sinn, wie ich es in meiner *Philosophie der Freiheit* vor Jahrzehnten geschildert habe. Ein solches Erleben des im Menschen steckenden Guten führt immer zur Anerkennung des menschlichen astralischen Leibes. Und eigentlich weiß man erst in Wirklichkeit, was es mit dem Guten für eine Bewandtnis hat, wenn man etwas erfühlt von dem astralischen Leibe im Menschen. Sonst bleibt es immer nur bei einer abstrakten Erkenntnis oder bei einem abstrakten Reden von dem Guten, wenn der Enthusiasmus für das

Gute, für das echte, wahre Gute, für das in Liebe erfasste Gute, nicht zum Erleben des astralischen Leibes führt.

Damit aber ist das Erleben des Guten etwas, was nicht nur wie beim Schönen gewissermaßen eine Anknüpfung an das vorirdische Dasein darstellt im Bilde, was dann aufhört, wenn der Mensch durch die Pforte des Todes tritt, sondern es ist ein reales Sich-Verbinden mit der Welt, von der ich sagte, sie ist immer da, wir brauchen nur unseren Arm auszustrecken. Aber der Mensch ist davon getrennt im wirklichen Dasein. Das Erleben des Guten ist eine wirkliche reale Verbindung, die direkt in die Welt hineinweist, die der Mensch betritt, wenn er durch die Pforte des Todes gegangen ist. In dem, was der Mensch hier auf Erden übt, wenn er in dem wahren Guten lebt, sind Kräfte, die bleibend sind über die Pforte des Todes hinaus.

Im Grunde steckt in uns – wenn er steckt – der Sinn für Wahrheit und Wahrhaftigkeit als ein Erbstück aus unserem vorirdischen Dasein. Im Grunde steckt in uns – wenn er steckt – der Sinn für Schönheit dadurch, dass wir im irdischen Dasein wenigstens ein Bild des vorirdischen Zusammenhanges mit der Geistigkeit haben wollen. Und in Wahrheit steckt in uns die Notwendigkeit, uns nicht abzuschnüren von der Geistigkeit, sondern noch eine wirkliche Verbindung mit der Geistigkeit zu behalten durch das Gute, das wir als eine Kraft des Menschen in uns entwickeln.

Wahr sein, heißt beim Menschen, recht zusammenhängen mit seiner geistigen Vergangenheit. Für Schönheit einen Sinn haben, heißt beim Menschen, nicht verleugnen in der physischen Welt den Zusammenhang mit der Geistigkeit. Gut sein, heißt beim Menschen, einen Keim bilden für eine geistige Welt in der Zukunft.

Man möchte sagen, die drei Begriffe von Vergangenheit, Gegenwart und Zukunft, insofern sie sich hineinstellen in das vollmenschliche Leben, diese Begriffe von *Vergangenheit*, *Gegenwart* und *Zukunft* erhalten, wenn sie in ihrer Konkretheit erfasst werden, einen bedeutungsvollen Inhalt durch die andern Begriffe: Wahrheit, Schönheit, Güte.

Der unwahre Mensch verleugnet seine geistige Vergangenheit, der Lügner schneidet zwischen sich und seiner geistigen Vergangenheit die Fäden ab. Der das Schöne missachtende Banause will sich auf Erden eine Stätte gründen, in der ihn die Sonne des Geistes nicht bescheint, wo er gewissermaßen im geistlosen Schatten herumspazieren kann. Der Mensch, der das Gute verleugnet, verzichtet eigentlich auf seine geistige Zukunft, und er möchte dann, dass ihm diese geistige Zukunft auf irgendeine andere Weise, durch irgendwelche äußerlichen Heilmittel, dennoch geschenkt werde.

Es war schon ein tiefer Instinkt, als die drei Ideale Wahrheit, Schönheit, Güte gefasst wurden als die drei größten Ideale für menschliches Streben. Aber eigentlich ist erst wiederum unsere Zeit in der Lage, diesen Idealen, die auch fast schon zu leeren Worten geworden sind, einen wahren Inhalt zu geben.

Nun, meine lieben Freunde, werde ich auf Grundlage desjenigen, was ich nunmehr ausgeführt habe über Wahrheit, Schönheit, Güte, morgen weitersprechen.[3]

WENN WIR NICHT MEHR KÖNNEN

Nachwort des Herausgebers
mit praktischen Hinweisen Rudolf Steiners

Es gibt Zeiten im Leben, in denen wir nicht mehr können. Wir sind überwältigt von der Fülle an Aufgaben und Verpflichtungen, die täglich auf uns einstürzen. Wir fühlen uns wie «ausgebrannt». Treten solche Zeiten tatsächlich ein, kann es unvermeidlich sein, ärztliche Hilfe aufzusuchen. Oft aber ist es möglich, solche Zeiten im Voraus zu erahnen. Dann kann aus innerer, geistiger Initiative gegengesteuert werden. Es gilt, den inneren, geistig-seelischen Menschen mit dem äußeren, leiblichen, in Beruf und Schicksal einverwobenen und äußerst beanspruchten Menschen wieder in Einklang zu bringen. Das kann sicherlich auf sehr verschiedenen Wegen erreicht werden.

Einen solchen Weg lernte ich vor einigen Jahren kennen, als der Ergänzungsband *Sprüche, Dichtungen, Mantren* in der Gesamtausgabe der Werke Rudolf Steiners erschien. Unter der etwas abschreckenden Überschrift «*Meditation für einen geisteskranken Russen, Paris 1906*» berichtet Marie Steiner von der Begegnung Rudolf Steiners mit einem russischen Philosophen:

«Neben den Trägern literarischer Namen wie Balmont, Minskij, Mereschowskij, S. Hippius, Schuré kamen hier, wie überall, solche, die, vom Schicksal gebrochen, Hilfe in ihrer Not bei Rudolf Steiner suchten. Ich erlebte da zum ersten Mal, was mir später so oft entgegengetreten ist: die Tiefen jenes Wahnsinns, der sich so klug gibt. Es kam ein russischer Philosoph, ein Fichte-Kenner. Er sprach sanft und ruhig und bescheiden. Ich musste dolmetschen. Zuerst ging es ganz schön. Er hatte erkannt, dass die Welt im Ich ruhe, dass das Ich alles geschaffen habe, auch die Welt, auch sich. Nun kam das Problem. ‹Die Welt ist schlecht, sie ist böse, ich aber habe sie geschaffen, so ist es meine Pflicht, sie zu vernichten. So begann ich zu töten. Zuerst tötete ich –›. – Er schilderte eine Gegend am Amur, wo er seinen ersten Mord verübt haben wollte, dann ging es weiter. – Ich muss gestehen, ich geriet ins Stocken und sah Rudolf Steiner fragend an. Er nickte uns freundlich und aufmunternd zu. Ich fuhr fort zu übersetzen, aber auch zu spähen, ob der Herr nicht einen Revolver herausziehen würde, um uns als den Nächsten den Garaus zu machen. Aber Rudolf Steiner gab ihm freundliche Ratschläge, führte ihn zurück von seinen Denkerhöhen in die Welt der alltäglichen Gegenstände, die er ja, von einem gewissen Aspekte aus gesehen, nicht alle selbst gemacht habe und deshalb nicht zu vernichten brauche, und gab ihm so einige Anhaltspunkte, um sein Gewissen von dem Drucke der Weltverantwortung und der Pflicht der Weltvernichtung zu entlasten. ‹Wie ist es möglich, dass er frei umherläuft?› fragte ich, als er gegangen war. ‹Das ist ja alles Phantasie›, sagte Rudolf Steiner, ‹er hat niemanden getötet, er bildet sich's nur ein.›»

Das ist freilich eine sehr drastische, aber auch sehr bemerkenswerte Schilderung. Sie zeugt nicht nur von Rudolf Steiners genauem und praktischem Menschenverständnis, sondern erlaubt auch, Bezüge über diesen Einzelfall hinaus herzustellen, die für den Umgang mit den Belastungen des Lebens von großer Bedeutung sein können.

Die Ratschläge, die Rudolf Steiner nun dem russischen Philosophen zusammen mit Anweisungen zum meditativen Üben gab, hat er als Vorlage zur Übersetzung durch Marie Steiner niedergeschrieben. Sie sind eine Anleitung dazu, den eigenen Leib in gesunder Art von innen her seelisch-geistig zu durchdringen. Geschieht dies nicht, entfremdet sich der Mensch den eigenen leiblichen Grundlagen, und es kann der starke, manchmal sogar unwiderstehliche Trieb entstehen, den eigenen Leib oder die umgebende Welt zu zerstören. Welche Reichweite eine meditative Hinwendung zum inneren Gefüge von Leib, Seele und Geist haben kann, schildert Rudolf Steiner in dem bemerkenswerten vierseitigen Manuskript, das er für den russischen Philosophen verfasste. Die darin beschriebenen Übungen können auch heutzutage demjenigen eine Hilfe sein, der bei sich beobachtet, wie der eigene innere Halt inmitten der vielfältigen und intensiven Beanspruchungen des Lebens droht verloren zu gehen. So lauten die Anleitungen Rudolf Steiners:

«Sie sind in Ihren Erkenntnissen auf halbem Wege stehengelieben. Sie müssen auch die zweite Hälfte des Weges zurücklegen. Es gibt in der Welt Philosophen, die ebenso wie Sie die Entwickelung abgebrochen haben. Ein solcher ist *Kant* zum Beispiel. Nur war Kant eine bloße theoretische Natur. Deshalb wurde ihm die philosophische Frage keine Lebensfrage. Wäre er nicht ein Philister, sondern ein ‹Mensch› gewesen, so hätte er schwer leiden müssen wegen seiner Ansichten. Er war aber zu diesem Leiden keine genug starke Natur. Sein Denken imprägnierte nicht sein ‹Fühlen› und auch nicht sein ‹Wollen›.

Ihre Natur fordert aber von Ihnen, dass Sie Ihr Denken mit Ihrem Fühlen und Wollen in Einklang bringen. Sie haben viele richtige Ansichten. Aber Sie müssen die zweite Hälfte des Weges machen. Es ist ganz richtig, dass Sie selbst alles erschaffen haben, was um Sie herum ist. Alle Berge, alle Pflanzen, alle Tiere und auch alle Menschen haben Sie geschaffen, weil Ihre Wesenheit identisch ist mit der Wesenheit der ganzen Welt. Aber es kommt für Ihr Leben gar nicht darauf an, dass Sie alle Dinge geschaffen *haben,* sondern darauf, dass Sie nicht nur wissen: Ich habe dies oder jenes erschaffen, sondern dass Sie sich ganz genau *erinnern, wann* Sie dies oder jenes geschaffen haben. Sie haben zum Beispiel Ihre eigene Mutter erschaffen; aber fragen Sie sich doch nur einmal: ‹Kann ich mich ganz genau erinnern, wann ich meine Mutter erschaffen habe? Sind mir alle Einzelheiten klar bei dieser Erschaffung?› Geben Sie sich darauf eine *ehrliche* Antwort, und Sie werden sich sagen müssen: ‹Nein, ich kann mich nicht erinnern.› Es gibt einen deutschen Philosophen: *Jakob Böhme.* Auch der sagte: *ich* selbst habe die Welt erschaffen; aber er war in seiner Erkenntnis so weit, dass er sagen konnte: ich *erinnere* mich an jede Einzelheit. Das können Sie noch nicht. Und wenn Sie es doch behaupten, dann sagen Sie sich nicht selbst die Wahrheit. – Sie haben alles geschaffen, das ist wahr. Aber Sie schaffen jetzt nichts. Sie genießen nur, und weil Sie nichts schaffen, sondern nur genießen wollen, deshalb hat all Ihr Schaffen für Sie gar keinen Wert. Sie erinnern sich, wenn Sie ehrlich mit sich sind, nicht einmal: wie und wann Sie Ihre Stiefel geschaffen haben; Ihr Schuster hat vor Ihnen das voraus, dass er sich daran erinnert. Und darauf kommt es an.

Sie müssen nun, um die zweite Hälfte des Weges zurückzulegen, eine ganz bestimmte Übung machen.

Sie haben nämlich auch Ihren eigenen Körper geschaffen. Allein auch daran erinnern Sie sich nicht. Sie müssen sich daran erinnern lernen. Das können Sie, wenn Sie nur wollen. Ihr eigener Körper hat das nämlich vor Ihnen voraus, dass er sich an alles erinnert. Nur kann das alles jedes andere Glied Ihres Leibes besser als Ihr Kopf. Sie machen den großen

Fehler, dass Sie nur Ihrem Kopfe folgen. Der aber täuscht Sie über Ihr eigenes Schaffen. Sie müssen in Ihren Körper hinuntersteigen. Das macht man so:

Man setzt sich früh morgens eine Viertelstunde ruhig auf einen Stuhl und denkt an gar nichts als an die eigenen Füße. Mit aller Intensität Ihres Denkens müssen Sie Ihr ganzes Bewusstsein in Ihre Füße verlegen und die ganze Viertelstunde den Gedanken *in den Füßen* haben:

Ich will in euch.

Sie müssen es dahin bringen, die ganze Viertelstunde hindurch *nichts* anderes als dieses zu denken und alle Kraft Ihres ganzen Wesens nur in den Füßen fühlen. –

Mittags zwischen 12 Uhr und 1 Uhr müssen Sie sich wieder hinsetzen und eine Viertelstunde lang an Ihren Unterleib (Bauch) denken, namentlich an die Nabelgegend und dahin geradeso wie am Morgen in die Füße so jetzt das ganze Bewusstsein verlegen und denken:

In dir fühle ich mich.

Abends, bevor Sie einschlafen, müssen Sie an das Innere Ihres Kopfes geradeso denken und die Vorstellung haben:

Ich bin.

Wenn Sie dies recht lange in Geduld durchführen – vielleicht dauert es ein halbes Jahr –, dann werden *Sie selbst* ein Ziel Ihres und alles Lebens *erkennen. Sie werden es ganz gewiss.* Kein anderer kann Ihnen dieses Ziel sagen. Ich weiß dieses Ziel; aber es hätte gar keinen Wert, es Ihnen zu sagen, denn Sie würden heute meine Worte gar nicht verstehen; aber, wenn Sie die Übung genug lange durchführen, dann wird es Ihnen kinderleicht sein, *sich selbst und damit die Welt zu verstehen.*

Es wird so sein; und wenn Sie den Mut finden, das zu tun, was ich Ihnen hier gesagt habe, dann werden Sie etwas haben, was Sie einmal später den ‹Stein der Weisen› nennen werden.

Aber Sie müssen auch in der übrigen Zeit nicht *nichts tun,* sondern diese Zeit mit einer Arbeit ausfüllen, die Ihnen und Ihren Mitmenschen nützlich ist. Wenn Sie auch heute nicht daran glauben, dass dies nützlich ist: darauf kommt es nicht an. Fragen Sie gar nicht, ob Sie Ihre Arbeit nützlich finden, sondern ob die andern das nützlich finden, was Sie tun.

Ihre Lebensweise brauchen Sie in Bezug auf Essen und Trinken nicht weiter zu ändern, nur müssen Sie alles vermeiden, worin Alkohol ist, und auch alles, was *betäubt.*

Das alles ist dann für Sie richtig.»

So endet die genaue und umfassende Anleitung Rudolf Steiners für den russischen Philosophen, damit er wieder im Leben voll stehe und dieses Leben voll verstehe. Wenn ich in der eigenen Praxis des hier beschriebenen Übungsweges die zeitlichen Angaben freier handhabte, so habe ich dennoch sehr deutlich erfahren, welche Stärkung von diesem inneren Tun für das Leben erfolgen kann.

Wie bei allen inneren Übungen und Meditationen ist aber sehr genau darauf zu achten, dass der gesunde Zusammenhang mit dem Leben und das innere Gleichgewicht nicht nur erhalten bleiben, sondern noch gestärkt werden. Scheint dies in irgendeiner Weise nicht gegeben zu sein, empfiehlt sich ein energisches und genaueres Bemühen um die gedanklichen Grundlagen der eigenen geistigen Entwicklung wie auch um ein verstärkt praktisches Tun in der Welt. Alles innere wie äußere Tun soll mit der möglichst größten Bemühung um Einsicht und Besonnenheit ausgeführt werden. Auf diese Bemühung kommt alles Weiterkommen an.

Stuttgart, 21. Juli 2008 *Jean-Claude Lin*

ANMERKUNGEN

Zur Einleitung

1 Simone Weil, «Letzter Text», übersetzt aus dem Französischen von Elisabeth Edl und Wolfgang Metz, in: *Akzente. Zeitschrift für Literatur*. Heft 4/August 1998, München: Carl Hanser Verlag.
2 E. M. Cioran, *Cahiers 1957–1972*. Ausgewählt und übersetzt von Verena von der Heyden-Rynsch. Frankfurt a. M. 2001.
3 Simone Weil, *Attente de Dieu*. Deutsch (von Friedhelm Kemp): *Das Unglück und die Gottesliebe*. München 1953.
4 E. M. Cioran, *Leidenschaftlicher Leitfaden*. Aus dem Rumänischen von F. Leopold. Frankfurt a. M. 1996.
5 Rudolf Steiner, *Die neue Geistigkeit und das Christus-Erlebnis des zwanzigsten Jahrhunderts*, GA 200, 6. Vortrag. 4. Auflage, Dornach 2003.
6 Rudolf Steiner, *Wahrheit und Wissenschaft* (1892), GA 3, 5. Auflage, Dornach 1980.
7 *Die Drei*, 75. Jahrgang, 2005, Heft 1/Januar.
8 Georg Kühlewind, *Vom Normalen zum Gesunden. Wege zur Befreiung des erkrankten Bewusstseins*, Stuttgart 1983, 6. Auflage (Taschenbuchausgabe) 2005.
9 Rudolf Steiner, *Wege und Ziele des geistigen Menschen*, GA 125, Vortrag vom 5. Juni 1910, 2. Auflage, Dornach 1992, S. 63f., 65f.

Zum 1. Vortrag vom 17. Juni 1909

1 In örtlichen «Zweigen» und «Gruppen» der Anthroposophischen (damals Theosophischen) Gesellschaft begegnen sich Menschen, um regelmäßig die Grundlagen und Perspektiven der Geisteswissenschaft für den Einzelnen wie auch für die weitere Gesellschaft zu erarbeiten und fruchtbar zu machen.

2 Für eine grundlegende Darstellung der Erlebnisse und Stationen des Menschen nach dem Tode siehe das Kapitel «Die drei Welten» in Rudolf Steiners *Theosophie. Einführung in übersinnliche Welterkenntnis und Menschenbestimmung* sowie seine Vorträge in *Das Leben nach dem Tod,* 13 Vorträge ausgewählt und herausgegeben von Frank Teichmann erschienen im Verlag Freies Geistesleben als 15. Band der Taschenbuchreihe *Themen aus dem Gesamtwerk.*

3 Mit den Bezeichnungen «Saturn», «Sonne» und «Mond» sind nicht unsere heutigen Gestirne gemeint, sondern frühere Entwicklungsstufen, die derjenigen unserer Erde vorangingen. Diese früheren Stufen planetarischer Entwicklung schildert Rudolf Steiner in seinem 1910 erschienenen Grundwerk *Die Geheimwissenschaft im Umriss.*

4 Die «Throne», eine der neun himmlischen Hierarchien, die über den Menschen stehen: Angeloi (Engel), Archangeloi (Erzengel), Archai (Geister der Persönlichkeit), Exusiai (Geister der Form), Dynamis (Geister der Bewegung), Kyriotetes (Geister der Weisheit), Throne (Geister des Willens), Cherubim (Geister der Harmonie) und schließlich Seraphim (Geister der Liebe). Siehe *Die Geheimwissenschaft im Umriss* oder auch die Vorträge Rudolf Steiners *Die geistigen Wesenheiten in den Himmelskörpern und Naturreichen* aus dem Jahr 1912 oder den von Wolf-Ulrich Klünker

im Verlag Freies Geistesleben herausgegebenen Band *Vom Wirken der Engel und anderer hierarchischer Wesenheiten (Themen aus dem Gesamtwerk,* Band 17).

Zum 2. Vortrag vom 16. Dezember 1922

1 Der Kampf luziferischer und ahrimanischer Wesenheiten um die Menschennatur wird auch dargestellt in den drei Londoner Vorträgen am 12., 16. und 19. November 1922, in *Geistige Zusammenhänge in der Gestaltung des menschlichen Organismus*, GA 218.

2 Gnomen und Sylphen in den Mysteriendramen siehe *Der Seelen Erwachen*, 4. Mysteriendrama, 2. Bild. *Vier Mysteriendramen* (1910–13), GA 14.

Zum 3. Vortrag vom 19. Januar 1923

1 Siehe die Vorträge in dem Band *Das Verhältnis der Sternenwelt zum Menschen und des Menschen zur Sternenwelt. Die geistige Kommunion des Menschen.* GA Bibl.-Nr. 219. Dornach ^{4}1976, insb. den Vortrag vom 26. November 1922, wie auch die 1923 in Kristiania (Oslo) gehaltenen Vorträge *Menschenwesen, Menschenschicksal und Welt-Entwickelung.* GA Bibl.-Nr. 226, Dornach ^{5}1988.

2 Siehe die vorige Anmerkung.

3 Siehe den achten Vortrag vom 20. Januar 1923 in dem Band *Lebendiges Naturerkennen, intellektueller Sündenfall und spirituelle Sündenerhebung.* GA Bibl.-Nr. 220, Dornach ^{2}1982.

NACHWEISE

Die in diesem Band enthaltenen Darstellungen Rudolf Steiners sind folgenden Bänden der im Rudolf Steiner Verlag Dornach/Schweiz erschienenen Gesamtausgabe entnommen:

«Evolution, Involution und Schöpfung aus dem Nichts», Berlin, 17. Juni 1909 aus: *Geisteswissenschaftliche Menschenkunde,* neunzehn Vorträge, gehalten in Berlin vom 19. Oktober 1908 bis 17. Juni 1909, GA Bibl.-Nr. 107, 5. Auflage Dornach 1988.

«Wirkliches und Unwirkliches im menschlichen Leben» (dieser Titel stammt vom Herausgeber JCL), Dornach, 16. Dezember 1922, aus: *Das Verhältnis der Sternenwelt zum Menschen und des Menschen zur Sternenwelt. Die geistige Kommunion der Menschheit,* zwölf Vorträge, gehalten in Dornach vom 26. November bis 31. Dezember 1922, GA Bibl.-Nr. 219, 6., ergänzte Auflage Dornach 1994.

«Wahrheit, Schönheit, Güte: die großen Charaktere des menschlichen Strebens», Dornach, 19. Januar 1923, aus: *Lebendiges Naturerkennen – Intellektueller Sündenfall und spirituelle Sündenerhebung,* zwölf Vorträge, gehalten in Dornach vom 5. bis 28. Januar 1923, GA Bibl.-Nr. 220, 2. Auflage Dornach 1982.

«Meditation für einen geisteskranken Russen, Paris 1906», aus: *Sprüche, Dichtungen, Mantren. Ergänzungsband,* GA Bibl.-Nr. 40a, Dornach 2002.

ZUR ARBEIT DES RUDOLF STEINER ARCHIVS

Das vorliegende Werk basiert auf der deutschen Originalausgabe, die im Rudolf Steiner Verlag, Dornach/Schweiz, innerhalb der Rudolf Steiner Gesamtausgabe (GA) erschienen ist.

Als Herausgeber zeichnet die Rudolf Steiner Nachlassverwaltung (RStNV), die von Marie Steiner (1867 – 1948) begründet wurde, damit die ihr durch Rudolf Steiner testamentarisch anvertraute Bewahrung, Pflege und Herausgabe seines gesamten Werks auch nach ihrem Tod gewährleistet blieb. Die RStNV, zu der das Rudolf Steiner Archiv und der Rudolf Steiner Verlag gehören, nahm 1949 ihre Arbeit auf. 1955/56 wurde mit der Herausgabe der GA begonnen, die rund 45 Bände mit Schriften und Briefen, ca. 300 Vortragsbände sowie zahlreiche Ausgaben mit Reproduktionen des künstlerischen Werks von Rudolf Steiner umfasst. Rudolf Steiner hielt seine Vorträge (insgesamt mehr als 5000) durchweg frei; 4500 davon wurden mitstenografiert. Weitere sind lediglich in Form von Zuhörernotizen und Referaten überliefert. Diese Mit- und Nachschriften bedürfen grundsätzlich einer redaktionellen Bearbeitung. Das Erstellen eines möglichst einwandfreien und dem gesprochenen Wort konformen Textes ist die Hauptaufgabe des Rudolf Steiner Archivs – neben der Pflege des Nachlasses.

Die Bände der Gesamtausgabe sind insoweit urheberrechtlich geschützt, als die Urheberrechte der Herausgeber und Bearbeiter unabhängig vom Ablauf der Schutzfrist nach Rudolf Steiners Tod bestehen.

Die Rudolf Steiner Nachlassverwaltung betrachtet es zudem als ihre Aufgabe, das Werk – im Rahmen des Möglichen – ständig verfügbar zu halten. Bei Neuauflagen wird der Text der Vortragsbände anhand der Stenogramme und Nachschriften nochmals überprüft, was bisweilen mit außerordentlich aufwendigen Arbeiten verbunden ist.
Damit die Tätigkeit des Rudolf Steiner Archivs und somit der Herausgabe von Rudolf Steiners Werk gewährleistet bleiben kann, ist das Archiv, das keine staatlichen oder anderen Beiträge erhält, ganz auf Spendengelder angewiesen. Zu diesem Zweck besteht ein Förderverein:

Internationale Fördergemeinschaft Rudolf Steiner Archiv, Postfach 135, CH-4143 Dornach 1.

Spendenkonten: Konto-Nr. 12906.24, Raiffeisenbank Arlesheim / Schweiz (BC 80 776) oder: Konto-Nr. 2.910.6, Freie Gemeinschaftsbank BCL Basel. – Deutschland: Verein zur Förderung der Rudolf Steiner Gesamtausgabe e. V., Ulm. Konto-Nr. 387086-701, Postbank Stuttgart (BLZ 600 100 70). – Großbritannien: International Association Rudolf Steiner Archives. Barclays London Branch, no. 20-71-64, account no. 40391255.

Weitere Informationen:

Rudolf Steiner Archiv
Postfach 135
CH-4143 Dornach

oder
www.steinerarchiv.info

RUDOLF STEINER

In gleicher Ausstattung sind erschienen:

Die praktische Ausbildung des Denkens
Drei Vorträge, Hrsg. von Jean-Claude Lin
mit einem Beitrag von Walter Kugler.

Hellsehen und Einweihung
Drei Vorträge. Hrsg. von Jean-Claude Lin.

Interesse für den anderen Menschen
Drei Vorträge. Hrsg. von Andreas Neider

Anthroposophie. Drei Perspektiven für das neue Jahrtausend
Hrsg. von Jean-Claude Lin.

Innere Ruhe
Zwei Vorträge und ein Aufsatz.
Hrsg. von Andreas Neider.

Geistige Schau und irdischer Ausdruck
Zwei Vorträge und ein Aufsatz.
Hrsg. von Jean-Claude Lin
mit einem Beitrag von Rudi Lissau.

Das Geheimnis der Gemeinschaft. Drei Ideale
Hrsg. von Jean-Claude Lin.

Quellen der Gesundheit
Drei Vorträge. Hrsg. von Andreas Neider.

Schicksal und Liebe
Drei Vorträge. Hrsg. von Jean-Claude Lin
mit einem Essay von Jörg Ewertowski.

Entwicklung des Denkens – Stärkung des Willens
Drei Vorträge. Hrsg. von Andreas Neider.